石材流通产业园区建设与管理问答

STONE CIRCULATION

杨俊晖 ◎ 主编

中国建材工业出版社
北 京

图书在版编目（CIP）数据

石材流通产业园区建设与管理问答 / 杨俊晖主编. --北京：中国建材工业出版社，2024.6
ISBN 978-7-5160-3673-0

Ⅰ．①石⋯ Ⅱ．①杨⋯ Ⅲ．①石料-建筑材料-工业园区-建设 Ⅳ．① F407.91

中国国家版本馆 CIP 数据核字（2023）第 006001 号

内 容 简 介

本书通过问答的形式，系统地介绍了石材流通产业园区的基础知识、政策环境、开发建设、招商推广、运营管理以及安全环保等内容，涉及从园区规划、建设到运营等全过程可能遇到的问题及其解决方案。本书可作为一本实用的工具书，供与石材产业园区行业有关的地方政府相关部门、园区开发与运营人员，以及建设与施工单位参考。

石材流通产业园区建设与管理问答
SHICAI LIUTONG CHANYE YUANQU JIANSHE YU GUANLI WENDA
杨俊晖　主编

出版发行：	中国建材工业出版社
地　　址：	北京市西城区白纸坊东街 2 号院 6 号楼
邮政编码：	100054
经　　销：	全国各地新华书店
印　　刷：	北京印刷集团有限责任公司
开　　本：	710mm×1000mm　1/16
印　　张：	9.25
字　　数：	130 千字
版　　次：	2024 年 6 月第 1 版
印　　次：	2024 年 6 月第 1 次
定　　价：	**58.00 元**

本社网址：www.jccbs.com，微信公众号：zgjcgycbs
请选用正版图书，采购、销售盗版图书属违法行为
版权专有，盗版必究。本社法律顾问：北京天驰君泰律师事务所，张杰律师
举报信箱：zhangjie@tiantailaw.com　举报电话：（010）63567684
本书如有印装质量问题，由我社事业发展中心负责调换，联系电话：（010）63567692

编委会

主 任

尹安泰

副主任

冯铁良　陈克启　冯　晖

主 编

杨俊晖

参 编

（按姓氏拼音首字母排序）

方　斌　高月芳　梁浩烽　陆人维　瞿伟谷

唐跃兵　王　杰　王小丽　徐晨瑶　朱悦溪

审稿专家

邓惠青　张永明　郭经伟　周豫鄂　阮绍根　王益东　熊士威

组编单位

上海东华环球企业发展（集团）有限公司

参编单位

成都建工建材有限责任公司

江苏东华石材城有限公司

杭州钱塘江建材交易中心有限公司

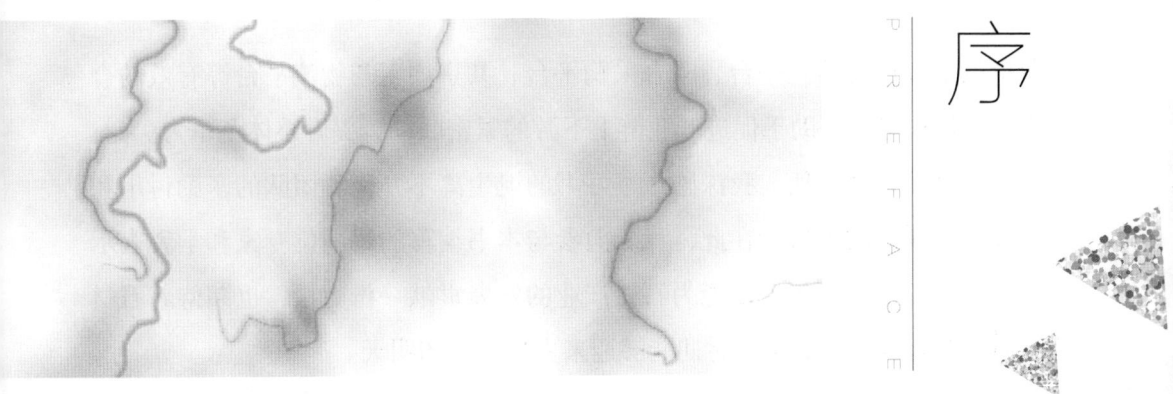

序 PREFACE

在这个变革的时代，石材产业作为中国经济发展中的重要组成部分，正面临着前所未有的机遇与挑战。作为中国石材协会副会长、中国石材协会流通专委会主任及本书编委会主任，我有幸见证并参与到石材流通产业园区建设与管理的各个环节，深感责任重大。《石材流通产业园区建设与管理问答》的问世，旨在为广大石材产业同仁提供一个全面、系统的知识体系，助力产业升级，促进石材流通产业的健康发展。

在石材产业的发展历程中，园区建设无疑是提高产业集中度、促进产业升级的关键一步。本书通过问答的形式，系统地介绍了石材流通产业园区的基础知识、政策环境、开发建设、招商推广、运营管理以及安全与环保等内容，涵盖了从园区规划、建设到运营等全过程的方方面面。无论是政策制定者、园区开发者，还是企业运营者，都能从本书获得宝贵的经验和启示。

在当今石材产业面临环保压力加大、市场竞争激烈的背景下，如何实现可持续发展，是摆在我们面前的一大课题。本书对于石材流通产业园区如何在确保环保的前提下优化管理、提升服务、创新模式提供了诸多思路和方法，旨在引导产业向更加绿色、高效、集约的方向发展。

此外，随着数字化、信息化技术的迅猛发展，如何利用新技术手段提升石材流通效率、降低运营成本，也是本书讨论的重点之一。本书为园区内企业提供了如构建信息平台、联合采购平台、共享加工与物流平台等有效的合作与支持策略，有助于促进产业链上下游的紧密联动，提升整体竞争力。

  作为编委会主任，我深感一本好书的诞生离不开作者团队的辛勤付出和广大行业同仁的支持。在此，我要向参与本书编写的每一位专家和学者表示最诚挚的感谢。希望本书能为石材产业的发展贡献一份力量，也期待着石材流通产业园区在新的历史时期能够迎来更加辉煌的明天。

中国石材协会副会长
中国石材协会流通专委会主任
2024 年 3 月

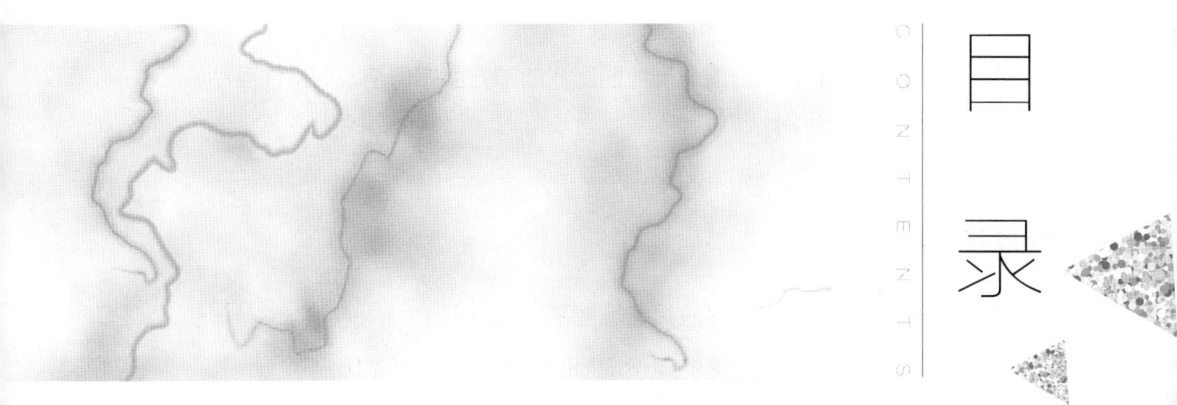

基础知识与政策篇

1. 什么是石材流通产业园区? 002
2. 建设石材流通产业园区有何重大意义? 002
3. 我国石材流通产业园区有哪些基本类型,其特征是什么? 003
4. 当前我国石材流通产业园区建设与管理面临的主要挑战和机遇有哪些? 004
5. 什么是石材流通产业园区运营管理? 006
6. 石材流通产业园区运营管理基本模式和特征是什么? 008
7. 什么是石材流通产业园区的平台治理? 010
8. 石材流通产业园区平台治理的基本特征和意义是什么? 010
9. 国家及各地政府对石材产业要求有哪些? 013
10. 政府对石材流通产业园区一般有哪些招商政策、标准及要求? 014
11. 政府对石材流通产业园区安全环保风险的主要管控措施有哪些,政策趋势如何? 015
12. 当前石材流通产业园区产权分割问题的主要政策在落地实施中遇到哪些问题,如何解决? 016
13. 目前石材行业标准化体系中涉及石材流通产业园区及入驻企业范畴的相关标准、文件有哪些? 017

14. 新的发展时期，石材流通产业园区在能源方面如何与政府良性互动，实现多方共赢? ... 018

开发建设篇

15. 建设石材流通产业园区应具备哪些基本条件? ... 020
16. 确定石材流通产业园区的建设规模时要考虑哪些基本因素? ... 021
17. 石材流通产业园区投资建设方案需重点考虑的因素有哪些? ... 024
18. 石材流通产业园区规划选址的基本原则和要求是什么? ... 024
19. 如何将智能化和信息化融入石材流通产业园区建设? ... 025
20. 如何做好石材流通产业园区的生态建设? ... 027
21. 如何有效管控石材流通产业园区的建设成本? ... 028
22. 如何优化配建石材流通产业园区污水处理厂（站）及主要公共配套设施? ... 029
23. 如何布局石材流通产业园区生活配套建设? ... 031
24. 石材流通产业园区产权办理的基本流程是什么? ... 031
25. 石材流通产业园区产权分割的解决思路是什么? ... 036

招商推广篇

26. 如何搭建石材流通产业园区招商团队? ... 040
27. 如何对石材流通产业园区招商团队进行考核与激励? ... 041
28. 如何精确定位筛选石材流通产业园区目标客户? ... 042
29. 如何引进石材流通产业园区首批"种子客户"? ... 042
30. 如何挖掘"种子客户"潜力，做好"客带客"促销工作? ... 043
31. 如何发挥行业协会的作用，开展"组团式"招商? ... 044
32. 如何拓展市场投资性客户? ... 044
33. 如何进行招商定价? ... 045
34. 制定促销策略主要考虑的因素有哪些? ... 045
35. 撰写石材流通产业园区招商说辞有哪些注意要点? ... 046

36. 如何提升目标客户到达率？ 046

37. 如何提升目标客户转化率？ 047

38. 招商案场管理的主要内容有哪些？ 047

39. 如何打响园区知名度的"第一枪"，达到开园"一鸣惊人"的效果？ 048

40. 如何全盘考虑园区租售比的关系？ 049

41. 制定园区推广预算方案主要考虑的因素有哪些？ 050

42. 如何控制好项目推广预算？ 050

运营管理篇

43. 石材流通产业园区运营管理服务团队的基本配置有哪些？ 054

44. 石材流通产业园区在不同阶段如何匹配物业团队？ 055

45. 园区物业为入驻企业提供的服务内容有哪些？ 056

46. 提升石材流通产业园区运营管理服务品质应重点关注哪些环节？ 057

47. 如何提高石材流通产业园区仓储与物流方面的服务水平？ 058

48. 根据石材流通产业园区具体情况和入驻企业实际需要，应引进哪些具有社会化功能的办事机构，为企业提供服务？ 058

49. 如何与入驻企业建立良性互动（机制），为入驻企业创造价值？ 059

50. 针对园区运营收费标准调整，如何做好客户沟通工作？ 060

51. 如何维护政府、企业客户等公共关系？ 060

52. 石材流通产业园区如何发挥政府和企业间的沟通与桥梁作用，实现既能代行政府的部分职能对入驻企业进行管理，又能为企业提供服务、保护入驻企业合法权益的目标？ 061

53. 园区管理者如何实时掌握入驻企业的生产经营情况？ 061

54. 如何加强入驻企业人员的管理？ 062

55. 什么是石材流通产业园区网格化管理？ 062

56. 石材流通产业园区网格化管理具体有哪些内容？ 063

57. 如何在石材流通产业园区内引进5G和大数据技术，实施网格化管理？ 063

58. 如何考核石材流通产业园区网格化管理的效果？ ... 064

59. 如何在入驻企业的安全生产、清洁生产等管理中引进定期考核与奖惩机制，实施奖励先进、末位停产整顿等措施，促进入驻企业的规范化发展？ ... 065

60. 石材流通产业园区运营管理的主要应急预案有哪几类？ ... 065

61. 如何制定园区运营管理的主要应急预案？ ... 066

62. 对入驻企业如何有效催收应收账款？ ... 066

63. 在园区运营管理中如何杜绝微腐败？ ... 067

64. 如何有效管理外包服务单位？ ... 067

65. 如何有效管理入驻商家的装修？ ... 067

66. 如何规范管理园区广告牌等宣传载体？ ... 069

67. 如何发挥微信公众号等网络媒体的作用，进行项目推广？ ... 069

68. 如何规范管理出入园区车辆？ ... 069

69. 如何协调解决入驻商家之间的小矛盾、小纠纷？ ... 070

70. 如何利用视频监控、环境监测等信息化手段提升园区管理效能？ ... 070

71. 石材流通产业园区在运营管理中开展金融创新业务的必要性和机会有哪些？ ... 071

72. 石材流通产业园区开展金融创新业务的基本模式和难点是什么？ ... 072

73. 如何在石材流通产业园区中发挥商协会组织的作用？ ... 072

74. 如何在石材流通产业园区加强党建工作，发挥党组织的先锋模范和监督保障作用？ ... 073

75. 如何加强入驻企业的法治建设？ ... 074

安全环保篇

76. 石材流通产业园区的主要安全风险种类有哪些？ ... 076

77. 如何规范管理产业园区的电力设施，做好入驻企业的用电管理？ ... 077

78. 如何规范管理石材流通产业园区消防设施？ ... 078

79. 如何规范管理石材流通产业园区道路交通安全？ ... 079

80. 如何规范管理石材流通产业园区内的室外堆场? 080

81. 如何规范管理石材流通产业园区物业的配套服务及商家安全? 081

82. 如何管理石材流通产业园区的社会治安? 082

83. 石材流通产业园区突发事件应急响应制度基本内容有哪些? 083

84. 石材流通产业园区安全生产演练基本内容有哪些? 084

85. 石材流通产业园区日常安全巡检制度内容有哪些? 085

86. 石材流通产业园区"三合一"等安全隐患问题的主要解决措施有哪些? 086

87. 如何做好入驻企业特种设备的管理? 087

88. 当前石材流通产业园区面临的主要环境风险有哪些? 088

89. 做好石材流通产业园区环境保护工作应该着力解决哪几个问题? 088

90. 入驻企业涉及职业健康的危害因素主要有哪些? 089

91. 入驻企业在生产加工过程中产生的主要污染物有哪些? 090

92. 入驻企业在生产加工过程中采用的主要环保措施有哪些? 090

93. 如何做好石材流通产业园区危险废弃物的管理与处置? 091

94. 如何加强石材流通产业园区生产和生活污水处理系统的运行与管理? 092

95. 如何做好石材流通产业园区一般固体废弃物管理,确保固体废弃物全部回收并得到综合利用? 092

96. 石材流通产业园区管理方与入驻企业各自承担的环保责任是什么? 093

97. 政府有关部门对石材企业办理环评手续是如何规定的? 094

98. 专业环保机构对提升石材流通产业园区环保管理水平有何重要作用? 094

99. 如何借助政府相关部门力量,做好园区环保管理工作? 095

100. 如何做好石材流通产业园区环境保护工作? 096

优秀案例篇

优秀案例 1　成都建工·国际建筑科技产业园　100

优秀案例 2　石材让建筑更美好——东华环球石文化产业园　108

优秀案例 3　江苏省华东石材城园区　119

优秀案例 4　杭州钱塘江石材建材交易中心　126

基础知识与政策篇

1. 什么是石材流通产业园区?

石材产业园的种类是依据石材从矿山开采、荒料锯解、切割、板材精加工、批发销售等环节的不同来划分的。石材流通产业园,顾名思义,即以石材二次精加工和终端销售为主的市场流通型石材园区。因园区的主要物业形态和特征与专业市场类似,我们也通俗地称之为石材园区或石材市场。广义的石材产业园区运营涉及园区开发建设管理全过程,从项目可研、设计规划、建设施工、招商引资到产业培育、资本退出等各个环节。本书重点指的是狭义的石材产业园区运营,主要指园区建成后运营方对入驻企业的基础运营管理、创新增值服务、园企共融模式设计等,如物业管理、产业孵化、产业链平台搭建等综合服务。园区的运营管理决定着一个园区的经营成果,决定着一个园区的发展前景。

2. 建设石材流通产业园区有何重大意义?

石材流通产业园区是产业集聚的重要空间载体。园区内聚集着大大小小的企业,园区为入驻企业搭建了良好的交流平台,不仅能促进园区与企业之间以及入驻企业之间的互动合作,实现园区的快速高质量发展,还可以加快产业转型升级、创新发展的进程,推动石材产业集群化、差异化、一体化、生态化、集团化,壮大产业体量,激发增长动力,培育石材产业集群,持续支撑经济长远发展。

建设石材流通产业园区符合国家产业政策和市场需求。园区建设不仅可以解决石材企业在新常态下的生存发展困难问题,还可以提高产品质量、增加石材产品的附加值，将产业提升和环境保护有机结合，同时还可解决当地就业压力等问题。这对当地政府供给侧结构性改革、石材产业与大数据融合发展、经济循环发展、提质增效、资源的节约与综合利用、保护环境、生态型产业扶贫等具有积极的促进作用。

通过搭建和不断完善专业化服务平台，依托社会各类资源，发挥园区自身优势，以实现：行业创新资源聚集、科技型中小企业孵化、行业科技成果转化、创新创业人才培养。重点扶持一批工业设计、建筑与规划设计、文化创意等小微企业；支持发展一批营销产品、配套服务的中小企业；引进若干实力雄厚、工艺精湛、开拓能力强的大企业，逐步形成研发设计、人才培养、工艺创作、市场交易、产品营销等功能环环相扣、层层对接的产业园区。

3. 我国石材流通产业园区有哪些基本类型，其特征是什么？

石材流通产业园区类型基本细分为两类：石材精加工类产业园和石材终端新零售类产业园。

1）石材精加工类产业园

（1）锯解加工：用锯石机将石材荒料锯解成毛板、毛坯等符合多种类型加工的半成品。

（2）研磨抛光：对石材表面进行粗磨校平定厚，再依次经过细磨、精磨及抛光后，成为毛光板。

（3）切断加工：用切割机将石材毛板或毛光板按所需规格尺寸进行切割加工。

（4）其他类型表面加工：按用户使用要求，通过劈裂、锤击、火烧、喷砂、水洗、酸蚀等方式，对石材表面进行加工。

（5）辅助加工：将已加工好的规格板材按用户需求进行磨边、倒角、开孔洞、钻眼、铣槽等加工。

（6）检验修补：将已加工完成的石材产品进行清洗、干燥，并经过防护处理后，码放检验，合格品包装入库，出厂前进行打包。

2）石材终端新零售类产业园

石材终端新零售是营销工具和渠道的变革，本质上是强调在产品品质和用户体验上做足功课，通过线上线下的融合，打造有独特核心竞争力的零售网络。石材是日常家装的主材之一，石材终端新零售的开启，诠释着行业发展新趋势，即从以工装市场为主转向工装和家装共同发展，从线上探索回归线上线下齐头并进，从价格消费时代向价值消费时代的升级。

 当前我国石材流通产业园区建设与管理面临的主要挑战和机遇有哪些？

1）主要挑战

当前我国石材流通产业园区建设与管理面临的主要挑战在产品价格、渠道变革、环保压力、品牌建设、规划发展与产业调整、产权分割等方面。从区域角度，流通产业园应建设在离消费市场中心城市较近的交通便利的地方，做到"一站式"服务。

（1）产品价格：石材市场需求萎缩，产能过剩，企业销路不畅，国内石材库存居高不下。在这样的背景下，让利促销成为新业态，而且供过于求的拥挤状态必然导致产品价格不断走低。随着价格走低，市场竞争将更为激烈，并购重组、淘汰倒闭等现象出现，迫使石材产业链上的各环节调整升级。

（2）传统渠道：行业整合加快后，必然会引起渠道变革。同时，随着"大家居时代"的来临，传统渠道将进一步受到挑战，石材产业需尽快实现电商模式与经销商运营模式的深度结合。

（3）环保压力：由于石材行业是典型的劳动密集型传统制造业，而近几年来不断上涨的人工成本、经营管理成本蚕食着石材企业所剩无几的利润空间。在行业发展低迷的形势下，企业成本压力加大，开源节流成了企业共同诉求。另外，随着《环境保护法》的出台，国家加大了对环保违法行为的惩罚力度，对持续性的环境违法行为实施按日连续处罚。这意味着，部分石材企业存在的非法偷排、超标排放、逃避检测等行为，其改造提升的时间拖得越久，则罚款越多，石材企业环保成本加大，引发了产业转移的浪潮。

（4）品牌建设：我国石材企业数量多，规模偏小，多集中在加工或批发领域，缺乏核心技术、高端服务和品牌意识。当石材产业进入转型升级期后，未来企业将呈现多元化发展，品牌建设迫在眉睫。

（5）规划发展与产业调整：区域产业规划调整，特别是各地城市功能定位调整或划入自贸区后，石材产业发展受限，政策性约束日益明显，原有规划的产城一体产业生态发生变化，园区进一步发展所需的资源要素很难保障，缺乏后续支撑。

（6）产权分割：由于政策原因，产业园区产权分割难以办理，合同违约的法律风险已经显现。

2）主要机遇

随着社会经济的发展和消费水平的提高，人们对石材产品的质量、档次和装饰效果要求越来越高。而且随着装饰石材应用的范围越来越广，国内石材的需求量急剧扩大，各种高楼大厦、车站广场、公共建筑、商场店铺、居民家装、公园等，都或多或少采用石材进行装饰。所用石材品种也越来越多，除了常规的花岗石和大理石外，板岩、砂岩以及石灰石、人造石等各种天然和人造石材都在各种建筑的内外装饰上得到广泛应用。巨大的市场需求为石材行业提供了广阔的发展空间。

5. 什么是石材流通产业园区运营管理？

园区运营管理整体来看主要是分为"对标"和"创标"两个阶段，就具体实施而言主要包括组织结构建立和职责分工，确定对标原则及目标，明确实施计划，构建指标体系，开展对标工作，深入分析诊断和动态修正，实现创新、创标。

1）开展对标工作

对标目的：为实现行业对标到创标，以提升石材产业园区整体运营水平及可持续发展为目标，以加快转变传统石材产业园区粗放式运营模式为路径，以创建对标学习型园区为载体，多层次地开展对标学习活动，学习和借鉴其关键能力，找差距定措施，追标杆超标杆，帮助石材产业园区全力提质增效，打造核心竞争力，增强可持续发展能力。

（1）建立对标组织机构，明确职责分工

明确启动对标管理后，首先应建立对标组织机构，明确相关人员的职责分工。组织机构的建立可以根据园区管理方的具体规模、投入预算、对标目的等实际情况而定。一般来说，对标组织机构的组长应为园区管理方主要负责人，具体推动工作可由园区管理方的企管部或综合管理部牵头，园区招商、物业、财务等部门参与。

（2）确定对标原则及目标

开展对标工作应坚持以下原则。一是先进性原则。结合石材产业园区特征，高标准选择对标对象，瞄准优秀典型对标。二是可比可学原则。选择对自我提升有实践性的标杆，标杆对象要既能比，又能学。三是开放性原则。不仅从思想上正视差距，接纳对标对象；更要具有未来洞察的能力，使对标立足未来发展。四是精准性原则。要区分主次，突出核心，实现整体对标与单项对标的有机结合，结合企业发展阶段的实际找准切入点，不可"眉毛胡子一把抓"。

(3) 明确实施计划

首先应由对标工作小组在调研学习后起草实施方案,然后内部征求相关意见后,明确实施方案计划。可以根据实际情况适时开展对标工作,分阶段进行内部对标和外部对标,在不同阶段要有针对性地进行对标。

(4) 构建指标体系

在国家近年来出台的"绿色""生态""环保""安全""去产能"等一系列政策的大背景下,园区主要应从综合指标、运营管理、绿色环保、安全管理、当地经济贡献、创新等6个主要方面构建指标体系。

(5) 开展对标工作

由于我国各地的石材产业园区运营模式、规模各不相同,呈现的问题也都有所不同,各园区应根据自身情况开展对标工作(发展阶段、规模、个体特征、目标)。开展对标工作不只是找出差距,更应该在对标工作中分析原因,通过学习和创新找到解决问题的方法,进而持续改进。

(6) 深入分析诊断、动态修正

应针对反映出来的突出问题和普遍问题进行深入分析对标成果,找出不足和短板,明确整改措施,确定未来目标水平和工作举措。分析诊断不一定在完成全部对标工作后才进行,可以根据独立指标开展或在完成一个对标对象后就马上开展。对标管理是一项长期动态性的工作,要通过持续不断地动态调整和完善来适应园区发展的不同阶段实际。在实践中,对标管理的第一次对标可以在一个年度内完成,建立起对标工作架构和指标体系后,可于每年度进行一次动态修订更新。

2) 实现创新、创标

对标管理通过以上措施达到改进落实达标后,就需要通过不断的创新形成更新的标准或方法,进而成为行业的标杆。此阶段,一方面,创标的企业要通过行业共享进行内外部的标杆推广,以带动全行业的发展;另一方面,在创新、创标过程中要不断吸收外部其他园区的先进经验与做法,实现资源共享，才能不断保持自己的创新优势。

6. 石材流通产业园区运营管理基本模式和特征是什么？

石材流通产业园区运营管理基本模式可以从多个角度进行划分，主要有运营主体、运营阶段、运营对象、运营结构等。

首先从运营主体的角度可以分为行政主导型、公司治理型和混合型两种运营模式。

公司治理型是由企业按照政府的总体规划要求，以市场化运作方式独立开发建设与运营园区。该运营模式能够更有效地利用社会资本，减轻政府的财政压力。但由于政府和企业利益诉求不完全相同，政府的规划目标在执行中不可避免地会出现偏差，这是治理结构导致的必然结果。公司治理型园区是当前石材产业园区的主流类型。

混合型是政府和外部资本（多数为民营资本）共同投资组建园区平台公司，双方或多方按协议约定承担责任和享有权利。此种模式的最突出特点是管委会作为行政管理主体与平台公司作为市场化运营主体并存，平台公司没有人事、财务方面的完全自主权，需要得到管委会的授权并接受其对经营目标的考核，在合作架构上存在监督与被监督的关系，平台公司的经营行为需在管委会制定的发展框架内进行市场化运作。此种模式的积极意义在于社会资本与行政机构在产业园区开发运营上有了基于契约的市场化合作。

在实践中，根据运营的实施主体不同，一般将运营管理基本模式分为外包运营模式和自主运营模式。外包运营模式下，投资与运营是两个不同的主体，通常有两种情况，第一种是投资商针对运营项目设立一个独立的法人公司负责运营事务，第二种是将运营业务以合同形式委托给专业的第三方机构。

外包运营模式的显著特点是投资主体和运营主体相对独立，投资商与运营商的权利义务是依协议而定的。自主运营模式下，投资和运营则为同一主体，目前在全国大多数地区，自主运营模式仍占主导地位。

石材流通产业园区是以石材产业+园区的形式存在的，核心是产业的集聚和承载产业的园区物理空间的融合。产业是园区的内核，园区是产业的载体，因此石材产业园运营功能主要是解决产业的聚集发展和物理空间（即园区载体）匹配的问题，落脚点还是在产业的聚集发展上。

其一，由于每个地区的产业结构、市场环境、社会经济发展水平等都不一样，且有的差距还很大。因此，要运营好产业园区，首先应对石材产业有深入的研究，必须结合当地实际情况，例如当地社会经济发展水平、自然禀赋、要素保障、产业规划、基础配套、市场环境等，做好产业规划、产业转移的基础性工作；要站在石材全产业链上看问题，清楚所引入的石材产业在产业链条上的价值空间，与上下游产业、周边配套产业的竞合关系；同时在发展规划上要符合政策倡导方向，获得政府支持。这是石材产业园区运营的第一步，也是石材产业园区运营最容易埋下风险隐患的阶段。

其二，石材产业要落地，除了有市场空间、有政策支持，还应有相匹配的园区载体，所谓匹配主要是指园区的建设规划、空间布局、物业形态、设施设备等硬件要符合产业的用途、使用要求等。国家和地方政府设立产业园区，将产业集中起来的目的除了集约发展，促进产业融合、增加税收和就业外，还包括提高土地利用效率、节约资源、保护环境等。因此石材产业园区设计规划、开发建设既要满足石材产业的使用需求，又能达到集约、环保、生态的政策标准要求，这是石材产业园区中期运营的重点工作。

其三，从狭义上讲，石材产业园区建成、产业引入后才是园区运营的真正开始。建立产业园区的根本目的是引入产业、促进企业转型升级和产业快速发展。因此为产业发展提供后勤保障、融资支持、孵化培育、平台搭建等服务是石材产业园后期运营的核心工作，也是关系园区运营成败的关键。

7. 什么是石材流通产业园区的平台治理？

目前学术界对"平台治理"的概念还没有形成统一观点。笔者认为，平台治理是指平台的经营主体采用制定的管理规则并加以主导实施，以维护平台正常运行秩序，规范平台参与者行为，防范并处理平台出现的问题风险，推动平台良性发展的一系列管理行为。美国政治经济学家埃莉诺·奥斯特罗姆对平台治理理论有过精辟阐述，由其建立的分析模型对理解平台治理的内在形成机制很有帮助。他认为，平台治理最重要的是必须创造条件，充分调动所有资源和有利因素，提高平台的可信度，使平台参与者与利益相关者的主动性、活跃度尽可能被激发出来。

按照奥斯特罗姆的观点，石材产业园区平台治理的核心环节就是要充分吸纳石材产业园区管理方、企业商户、消费群体、属地政府等平台相关方的积极参与，融合各种资源和有利因素，不断强化园区平台的信用度。

以共享、共治、共担为战略驱动，以信息化、金融化、标准化、国际化为重要手段是石材产业园区运营平台的发展趋势，也是做好平台治理的基本原则。坚持满足各方主体的实际需要，将利益与责任结合，将互联网与传统的建材行业相结合，准确分析行业发展，把握市场变化，提供资金支持，促进交易达成，解决收付款项等，切实协助企业商户借助园区平台把握更多商机，为石材贸易流通、石材企业走向国内外市场提供高效、专业、功能强大的支撑服务，这是园区平台存在的意义和作用。

8. 石材流通产业园区平台治理的基本特征和意义是什么？

石材流通产业园区招商引入大量的企业商户入驻，形成事实上的以园区为载体的石材企业集群平台。做好园区运营，不仅仅是园区管理方的任务，更是园区所有入驻企业商户，甚至属地政府、行业主管部门、消费群体的共同任务。园区管理方与入驻企业商户可谓是"一荣俱荣、一损俱损"的关系，必须发挥多方主体的正向作用。因此，园区管理方首先要以平台思维认真解决平台治理的问题。

石材产业园区运营平台融合物流、信息流、商流、资金流于一体，以共享化、信息化为战略驱动手段，通常形成以下服务平台。

（1）以市场信息互联互通为核心的信息平台

科技手段的应用会带来许多全新的商业运作模式。石材产业园区应实现完全的信息化管理，实现产业链上的资源共享优势，整合商流、物流、资金流等信息，为入驻客商提供资源共享、价格挂牌等交易信息外，还应提供铁路、公路等运输路线、运能、承运企业等运输信息，公共仓库分布、仓房及仓库利用状况、仓储企业等仓储信息以及加工企业名录、加工能力和设备状况等流通加工信息。

（2）以提升采购优势为目的的联合采购平台

发挥产业园区作为区域辐射型石材交易市场的优势，集合入驻企业的资金优势、资源需求，整合形成渠道大户，打造石材联合采购平台。

（3）以完善配套服务为基础的共享加工与物流平台

根据园区企业需求构建综合性的加工服务体系，由园区运营方投资建设共享加工厂房，吸引处于成长期的中小型优质企业或轻资产运作的研发、设计类企业，减少其固定资产投入，形成与现有入园企业互补性较强的产业集群。通过短期租赁、分时租赁、共享租赁等形式，让客商需求得到"一站式全方位"的服务。园区投资组建运输团队或与第三方物流企业合作，创立以园区企业为服务对象的物流组织，向以信息化、智能化、生态化、共享化为特征的新型物流业务模式转型，建立一套园区信息互通、资源共享、合理库存、配送优化、智能监管的智慧物流管理系统，提高入园企业的整体运营效率。

（4）以创新金融为核心的融资平台

通常情况下，产业园区运营方在金融机构具有较好的信誉，同时又具备现货仓库和大批物业。为了帮助入驻客商开展经营，扩大经营规模，运营方应利用信用评级和资源优势，联合各类金融机构，推出仓单质押、保理、信用证、反向担保等创新融资手段，帮助入园企业解决融资难融资贵的问题。

（5）以优化营商环境为宗旨的综合服务平台

打造综合服务平台，提供全面全新的业务服务。借助政府力量设立园区政务中心，汇集工商、质检、安监、环保、税务等办事机构，为园区企业提供税收、商品检疫检验、证照办理、政策咨询等方面的一站式配套服务，使入园企业节约经营成本，集中精力发展企业自身经营业务。

作为园区平台运营方，既是平台的管理者，又是平台的参与者，同时还是接受政府、市场监管的对象。园区运营管理应发挥平台的开放性作用，创造条件让政府、企业商户、消费者等产业园区相关各方都能够并愿意投身于平台治理之中，真正使平台相关各方的利益诉求与平台整体利益相向而行，主动参与规则制定和维护，让最终形成的平台治理效果既是管理的平台、价值的平台，也是共治的平台。只有吸纳各方力量、增强主体意识才能真正发挥平台治理的作用。实践中，园区管理方一般会通过设立园区管委会，或各种商会、协会等形式来作为园区平台的实际运行载体，吸纳企业商户参与平台共同治理。

平台运营方还应把握好政府监管、市场变动与平台治理的因应关系，促进治理手段在线下线上的有效融合，从运营方的单向管理向全平台的共管共治转变。要建立园区产业发展联盟，在对外品牌推广、集中采购、融资服务、产业联动、环保安全管理等方面展开实质性合作与信息共享；建立园区联席议事机构，由运营商倡导，各代表企业轮流作为主席成员，定期召集园区商家讨论园区运营事项，协调解决与之相关的焦点问题或纠纷，真正践行平台规则达成共识、平台运营实现共管、平台利益实现共享的治理模式。

 国家及各地政府对石材产业要求有哪些?

在我国的石材产业集群地,石材产业都是当地经济的支柱产业之一。石材产业从可持续发展到高质量发展,离不开国家产业政策的支持和石材行业的自律。石材行业要通过科学规划石材产业布局,加强石材储量动态管理,全面提升并推广石材综合利用技术,践行新发展理念,树立石材行业新形象。

政府要求坚持高标准规划、高质量施工、高效率推进,加快建设石材广场、展厅等各项工程改造项目,聚力打造集商贸会展、展示体验、研发设计、文化创意于一体的石材创新型示范基地及集散交易基地。要坚持绿色发展理念,大力发展石材循环经济产业,实现废渣、锯底泥等资源的有效利用、变废为宝。要坚持产业园区化、品牌化发展,加快推进场区标准化、智能化改造步伐,加大产品研发和环保投入力度,打造石材生产加工企业品牌。

要深入学习贯彻习近平总书记关于"打好产业基础高级化、产业链现代化的攻坚战"的重要论述,全面落实党中央、省委、市委决策部署以及政府会议精神,突出平台、材料、创新和链主引领,在产业建圈强链工作中找准定位、抢占先机、发挥优势,促进经济健康平稳运行,助推经济高质量发展,为建设践行新发展理念的公园城市示范区贡献力量。

要抢抓重大战略机遇,抓牢抓实招商引智,发挥链主企业的聚合带动效应,结合链主企业在配套链、要素链、技术链等方面的服务需求,提升育优培强力度,以全方位服务推动企业加速成长。要进一步提高站位格局,以核心功能带动产业发展资源共享、协作联动、互促共进,积极搭建企业对接协作平台,持续提升重点产业链本地配套率。要持续优化营商环境,统筹聚合投促部门、要素部门、投资平台等内部资源,进一步提高产业政策精准度,确保政策务实、管用、可及。

10. 政府对石材流通产业园区一般有哪些招商政策、标准及要求？

1）招商目标

政府招商的目的就是吸引投资者，所以政府的招商目标就是要让企业了解园区，找到有需求的企业并吸引他们来投资。明确了这一目标，就为下一步招商工作的展开指明了方向。

2）定位策略

政府定位要科学，明确的招商定位方便招商人员在寻找合作企业时更具针对性，提高项目落成率。以制造型企业为例，这些企业与研究型高新技术企业相比就存在很大的差异。制造型企业对地理位置要求更高一些，这就涉及物流、配套等因素，要求政府考虑到园区自身的地理位置是否具有优势。

3）销售价格策略

成本一直是企业最关心的问题，在销售价格上要采取灵活多样的策略。

（1）折扣策略：在土地出让方面，政府可以对外报价稍高一些，根据企业土地需求量来适当调整价格范围，在大需求量上给予一定的价格优惠，这会在心理上满足大企业的自豪感并保证其实际利益。在土地承租或之后建成厂房的租售方面，政府也可采取同样的价格策略。

（2）价格上涨策略：在一期土地销售成绩渐显的时候，政府可以选择对比较成熟、优质的地块做适当涨价的规划，以弥补部分折扣损失的利益。

4）合作方式策略

不同的企业有不同的需求，企业规模不同，所以在寻求合作方式上也会存在差异。政府的目标就是提供多样化的合作方式，尽最大努力满足企业不同的需求，吸引更多的企业进驻到园区里来。

（1）土地出让：对有土地需求的企业，以公开招标、拍卖、挂牌的形式出让或以股权转让的形式转让建设用地使用权。

（2）厂房租售：规模稍小的企业，不需要土地，只对厂房有需求，政府可以建好厂房以后再提供给他们。而且在建设厂房的过程中，既可以由企业订制设计、由政府建设，也可以由政府自行设计建设。

11. 政府对石材流通产业园区安全环保风险的主要管控措施有哪些，政策趋势如何？

一是全面排查整治环境风险隐患。对涉重金属、危险化学品、危险废物、放射源等重点环境风险源和环境敏感点进行全面排查，督促企业整改，消除环境安全隐患，落实环境风险防范措施，严防环境污染事故发生。加强饮用水源地的安全隐患排查，并采取有效措施保护饮用水源地的环境安全。

二是加强重点污染源的环境监管。对重点区域、重点企业增加现场执法检查频次，督促企业全面落实各项环保措施，确保治污设施正常运行，污染物稳定达标排放。对检查中发现的问题，责令企业立即整改到位，依法严厉查处各类环境违法行为，确保环境监管不留死角。

三是加强值班应急准备工作。建立健全环境应急响应机制，坚持专人值班和领导带班制度，建立信息沟通和事故响应联动机制。在发生污染事故或遇到紧急情况时，领导干部和应急人员应及时赶赴现场，全力组织抢险和处置，妥善处理事故善后工作，并按要求及时上报，确保社会稳定。

四是加强环保信访事项受理。严格落实领导带班制度，值班人员节日期间全天候在岗，保持"12369"环保举报热线和应急值守电话24小时畅通，第一时间受理群众投诉举报。按规定及时准确报告突发环境事件信息和重要事项，坚决杜绝瞒报、迟报、漏报行为。科学处置环境安全突发舆情，做好正面宣传引导，全力维护节日期间社会安全稳定。

12. 当前石材流通产业园区产权分割问题的主要政策在落地实施中遇到哪些问题,如何解决?

工业地产是以工业类产业项目为依托,以工业用地为载体,以工业厂房为主要开发对象,按照国家通用标准及行业规范要求统一设计、建设,集投资、开发、经营管理和服务等于一体的地产项目。从目前的情况来看,我国还没有相关法律法规对工业用地上的厂房产权能否分割进行明确规定,既没有肯定其合法,也没有明令禁止,处于无法可依的状态。

依据当前的工业用地出让、使用政策规定,工业用地上的产业用房只能按整栋的方式办理一个房产证,使用者不能进行产权分割,无法进行转让和再开发。

工业厂房产权不得在层内再分割,即层是工业厂房产权分割的最小单位。为确保制造业发展,由各地根据实际情况限定最小的分割面积。土地分割只涉及土地使用权份额转移,不得将一宗土地分割为多宗土地。因此,工业厂房产权分割及分割转让时,不得对工业厂房对应的土地使用权进行分割,只能在办理不动产登记时标注土地使用权按份共有或共同共有。工业物业建筑区内的办公、生活服务等配套用房不得独立进行分割、分割转让或抵押,即单独就工业厂房建筑区内配套用房申请变更(分割)不动产登记、转移分割不动产登记、抵押登记时,不动产登记机构不予受理。配套用房随工业厂房产权分割、分割转让或抵押,需按照配套用房建筑面积占厂房、仓储用房建筑面积比例分割、分割转让或抵押,并以幢、层等固定界限为基本单元。

一般来讲,工业地产大多是地方政府主导的招商引资项目,以较低的出让价格吸引产业进入园区,为政府增加财税和解决地方就业做出贡献。如果允许工业地产分割转让,一方面,前期土地整理的高投入所对应的预期回报将被园区开发企业通过分割出售的形式获取,地方政府的预期可能无法达到。

另一方面,工业地产分割转让可能影响原有的产业发展目标。工业用地出让时是按照其控制指标体系,设定单位面积投资强度和税收强度,分割转让有可能使园区业态失去控制,既定目标无法完成,产业规划难以实现。同时,工业地产分割转让还可能对土地市场秩序造成冲击。虽然工业用地也实行公开招拍挂,但竞争程度远不如经营性用地。另外,工业用地还享有各种政策补贴,拿地综合成本低。如果通过分割转让将原工业用地变相转为经营性用途,造成不公平的市场竞争的同时,甚至有可能导致国有资产流失。

尽管各地政府所出台的有关产业园区工业不动产分割登记的管理办法均不相同,但随着经济社会的发展,工业企业加快转型升级、配套建设、谋求集聚发展已成趋势。入驻企业普遍有对工业不动产进行分割登记和分割转让的需求,但是由于没有可以直接依据的文件和标准,当前只能通过规范工业用地产权分割来实现土地资源的整体开发与集约化经营,支持更多企业加快转型升级、做大做强,为提高产业园区建设水平作出贡献,促进工业经济稳步发展。

13. 目前石材行业标准化体系中涉及石材流通产业园区及入驻企业范畴的相关标准、文件有哪些?

涉及石材产业园区建设与管理、清洁生产、安全生产,以及石材企业产品的相关标准、文件主要有:

《石材产业园区建设标准》(T/CSBZ 002—2016)

《石材生态产业园区评价要求》(T/CSBZ 012—2020)

《石材行业清洁生产技术规范》(T/CSBZ 001—2013)

《石材规格板材产品技术规范》(T/CSBZ 008—2018)

《天然花岗石建筑板材》(GB/T 18601—2009)

《天然大理石建筑板材》（GB/T 19766—2016）

《天然石材统一编号》（GB/T 17670—2008）

《石材加工生产安全要求》（JC/T 2203—2013）

《建筑材料放射性核素限量》（GB 6566—2010）

《石材加工企业安全环保达标基本条件》（中石协〔2018〕28号）

《关于大理石产品对人体无放射性危害的通告》（中石联发〔2013〕02号）

14. 新的发展时期，石材流通产业园区在能源方面如何与政府良性互动，实现多方共赢？

运营方可通过建立能源综合管理服务解决方案和运营服务平台，实现园区有序化、精细化、信息化管理，有效降低园区能源运营成本，打造低碳、智慧、高端产业园区，降低入驻企业的用能成本，形成政府、园区客户、合作单位和自身多方共赢的良好局面。

开发建设篇

15. 建设石材流通产业园区应具备哪些基本条件？

一般规定，园区总体规划应结合园区所在区域的技术经济、自然条件等进行编制，并应满足生产、运输、防震、防洪、防火、安全、卫生、环境保护和职工生活设施的需要，经对多种技术经济方案比较后，择优确定。同时，园区总体规划应符合城镇总体规划的要求，尽可能与城镇或社区在生产、交通运输、动力供应、维修、综合利用及生活设施等方面配套共享。此外园区、居住区、交通运输、动力供应设施、防洪排涝、废料场、环境保护工程和综合利用等场地，应同步规划。

（1）前期规划：石材流通产业园区的用户是石材企业，建设方在前期规划阶段，建议带领规划及设计团队到去福建水头等石材集散中心参观勘察，汲取经验，要广泛征求石材龙头企业的意见，尤其是水头区域企业的建设标准和经验值得借鉴，使石材流通产业园建设符合未来用户的需求。

（2）政策扶持：重点考虑是否满足当地政府产业发展规划。

（3）用地规划：重点考虑是否有符合条件的工业用地指标，净用地面积是否满足建设。土地成本比较高的地方，若条件允许，可以考虑建设双层及三层建筑提高土地利用率。

（4）业态规划：可适当规划新型建筑设计、新型建筑建材研发与生产加工、建筑主材精加工与深加工、现代物流供应链管理、会展营销、电子商务、建筑类企业办公等业态。钢结构厂房要充分考虑通风隔热的问题，首先厂房高度要够高，其次屋顶要有隔热棉；可增加光伏发电，采光瓦不要整片设置，而是分段设置。

（5）配套设施：主要包括产业园区内的路基路面、交通设施、绿化布置、生活配套、供电系统、污水处理、物业管理等。

（6）运营管理：主要包括安全生产、环境保护、噪声处理、消防安全、

职业病防治等内容。

（7）产业升级：石材行业需要进行产品创新、管理创新、营销模式创新，同时要注重抓好资源节约与清洁生产。

（8）节能减排：可以通过安装太阳能电池板来实现工业厂房光伏发电，能够大大降低能源成本和缩减企业电费开支，并且降低企业的碳排放量，实现节能减排的目的。此外，屋顶光伏等不会占用额外的土地资源。企业使用绿色能源，可提升社会形象，在公众和客户中赢得更高的评价。

16. 确定石材流通产业园区的建设规模时要考虑哪些基本因素？

石材产业园区的规划建设，除了传统的加工型企业，还要有配套的大板市场、品种经营、装饰设计、辅助材料商店、设备制造商及配套的维修服务等。这样才能形成完整的生态链，更好地服务市场客户。

面向终端消费群体的石材流通产业园区，是包含石材加工、销售服务、展示体验、仓储物流、检测及研发等功能的综合性园区。确定石材流通产业园区的建设规模时，需考虑选址要求与总体布局，园区道路交通、供电系统、污水处理及供水系统建设，园区安全生产、清洁生产，园区人力资源配置、基本物业服务、环境保护管理和信息管理等因素。

（1）选址：选址应符合当地产业布局和城市规划的要求，按照国家有关政策、法律、法规及建设前期工作的规定进行。交通运输（水运、汽运、火车运输等）、动力、公共设施、废料场及环境保护工程等用地，应与园区用地同步规划。选址应对原料及辅助材料的来源、产品流向、建设条件、经济、社会、人文、环境保护等各种因素进行深入的调查研究，并通过多种技术经济方案比较，择优确定。

（2）园区总体规划：除应做好一般性规定外（参见前述第15问），在园区分期建设时，总体规划还应正确处理园区近期发展和远期发展的关系，近期集中布置，远期预留发展。园区功能分区可按照交易展示、加工、仓储物流、检测研发、辅料市场、生活配套等类别进行布局。

（3）总平面布置：应在总体规划的基础上，根据入驻企业的性质、规模、生产流程、交通运输、环境保护，以及防火、安全、卫生、施工及检修等要求，结合场地自然条件，经多种技术经济方案比较后择优确定。应充分利用地形、地势、工程地质及水文地质条件，合理布置建筑物、构筑物和有关设施，并应减少土（石）方工程量和基础工程费用。应防止粉尘、振动和噪声对周围环境的危害。应合理地组织货流和人流。

（4）交通运输：应符合总体规划要求，并应根据生产需要、当地交通运输现状和发展规划，结合自然条件与总平面布置要求，全面考虑，统筹安排，且应便于材料进出厂、经营管理，兼顾地方客货运输，方便职工通勤。外部运输方式应根据国家有关的技术经济政策、外部交通运输条件、物料性质、运量、流向、运输距离等因素，结合园区内运输要求，经多种技术经济方案比较后，择优确定。

（5）道路规划：应符合城镇规划或当地交通运输规划，并应合理利用现有的国家公路及城镇道路。园区外道路与国家公路或城镇道路连接时，应使路线短捷，工程量小。

（6）生产管理设施：应位于园区全年最小频率风向的下风侧，并应布置在便于生产管理、环境洁净、靠近主要人流出入口、与城镇和居住区联系方便的地点。

（7）配套设施：应综合考虑园区的位置、工作人口的结构、商务访客的性质和环境因素，合理确定配套公共服务设施的用地位置及规模。园区内可规划小型生活配套设施，满足园区人员的日常生活需要，有必要的园区宜增设倒班房。

（8）生活设施：应根据入驻企业规模和具体条件集中或分区布置。为车间服务的生活设施应靠近人员较多的作业地点，或职工上、下班途经的主要道路附近。

（9）出入口的位置和数量：应根据入驻企业的生产规模、总体规划、园区用地面积及总平面布置等因素综合确定，其数量应不少于2个。主要人流出入口宜与主要货流出入口分开设置，并应位于园区主干道通往居住区或城镇的一侧。主要货流出入口应位于主要货流方向，并应与外部运输线路连接方便。

（10）管线综合布置：应与入驻企业总平面布置、竖向设计和绿化布置统一进行。应使管线之间、管线与建筑物和构筑物之间在平面及竖向上相互协调、紧凑合理、有利厂容。管线的敷设方式应根据管线内介质的性质、园区地形、生产安全、交通运输、施工检修等因素，经多种技术经济方案比较后择优确定。管线综合布置应在满足生产、安全、检修的条件下节约用地。当技术经济方案比较合理时，应共架、共构布置。

（11）清洁生产：为使工业生产中固体废物实现减量化，需积极地推行清洁生产审核制度，鼓励和倡导不断采取改进设计、使用清洁能源和原料、采用先进的技术与设备、加强管理、综合利用等措施，从源头消减固体废物污染，提高资源利用效率，减少或避免生产、服务和产品使用过程中产生固体废物，以减轻或消除固体废物对人类健康或环境的危害，同时做好固体废物的回收和综合利用。

（12）污水处理：石材加工企业应通过污水处理设施对生产加工中产生的污水进行净化处理，处理后产生的清水应循环利用。

（13）排弃废料：应结合当地条件综合利用，减少堆存场地。需综合利用的废料应按其性质分别堆存。废料场应位于居住区和园区全年最小频率风向的下风侧，防止对周围环境造成污染。堆场、中转站一般采用露天堆放的形式。多雨水地区宜搭建简易钢棚确保产品品质。堆场面积主要包括荒料、石材堆占地面积和装卸、运输作业线占地面积。荒料及石材中转场地应设置分区。堆料占地面积应满足贮存周期。装卸、运输作业线占地面积应有一定的作业线长度、车辆转弯半径所需的宽度及畅通的运输通道。整个园区的堆场应集中设置，便于管理，节约用地。

（14）绿化：应根据环境保护及厂容、景观的要求，结合当地自然条件、植物生态习性、抗污性能和苗木来源，因地制宜进行布置，合理确定各类植物的比例与配置方式。绿化布置应充分利用园区非建筑地段及零星空地进行，也可利用管架、栈桥、架空线路等设施的下方及地下管线带上方场地布置，同时应满足生产、检修、运输、防火、卫生及安全要求，避免与建筑物、构筑物、地下设施的布置相互影响。

17. 石材流通产业园区投资建设方案需重点考虑的因素有哪些？

石材流通产业园区投资建设方案主要包括以下几个方面的内容：概述、石材产业园项目总论、石材产业园项目投资环境分析、石材产业园项目背景和发展概况、石材产业园行业竞争格局分析、石材产业园行业财务指标分析参考、石材产业园行业市场分析与建设规模、石材产业园项目建设条件与选址方案、石材产业园项目应用技术方案、石材产业园项目环境保护与劳动安全、企业组织和劳动定员、石材产业园项目实施进度安排、投资估算与资金筹措、财务与敏感性分析、石材产业园项目不确定性因素及风险分析、石材产业园行业发展趋势分析、石材产业园项目可行性研究结论与建议、财务报表、石材产业园项目投资可行性报告等。

18. 石材流通产业园区规划选址的基本原则和要求是什么？

（1）战略性：园区的选址应着眼于长远发展，坚持前瞻性原则，预估该区域的未来发展，作出适合未来10~20年发展的超前判断。与此同时，园区选址时要考虑周全，留有发展余地，为远期园区的发展创造有利条件。

（2）规划导向：园区开发与建设是城镇化推进的重要组成部分，园区的选址要以国家与城市规划为导向，符合所在区域的总体规划和土地利用规划，坚持合理布局，有序发展，与城市形成有机的整体。

（3）土地节约：在园区的选址上要注意合理利用土地，尽量降低开发费用，提高节约用地意识，尽量使用荒地，减少搬迁居民带来的建设成本与开发阻力，达到节约成本的要求。

（4）交通便利：园区想要获得长远的发展，必须具备便利的交通条件，选址最好靠近交通枢纽，便于发挥区位优势。

（5）具备基础设施：园区建设需要投入大量的人力、物力和财力，需要具备通信、供电、供水、燃气等条件，同时还需要具备污水、废物处理的能力。尽量选择已具备上述基础设施的土地，这样能有效降低后期开发成本。

（6）绿色园区：良好的工作环境能让人心情舒畅。将产业园区发展与生态环境相结合，将产业结构调整与经济质量提高相结合，不仅有利于园区品质提升，也有利于区域经济长远发展。

（7）人才管理：产业园区的发展需要大量的社会资源作为支撑。选择高校与研究机构集聚地，或行业龙头企业与中小型企业集聚地，能有效形成园区与城市间、企业间的互动，也能为产业园区吸引人才打下基础。

19. 如何将智能化和信息化融入石材流通产业园区建设？

智能化是指由现代通信与信息技术、计算机网络技术、行业技术、大数据、物联网和人工智能等技术汇集而成的，能动地满足人们某一方面、某个领域需求的应用的智能合集。将智能化融入石材流通产业园区建设，以信息化、数字化赋能园区，能够为园区构建核心竞争优势，为园区产业发展注入活力，为园区企业创新提供系统性的技术支持和理念引导。

1）石材流通产业园区智能化建设需要解决的主要问题

（1）园区资产运营管理：为园区招商租赁管理和服务提供线上信息化系统和实时数据支撑，使管理更精细精准，并实现园区资产可视化管理。

（2）园区企业精准服务：建立园区企业与园区管理方的线上交互平台，为园区企业进行物业服务、信息发布、通知查收、资源申请等提供便利，使园区日常管理更规范。

（3）园区产业分析：利用大数据分析平台，基于园区企业定制需求与产业经济数据，汇总分析产业信息动态，为企业提供各类精准的市场信息、数据分析支撑和决策支持。

（4）园区运行监测：包括园区安全环保监测、物联设备工况监测、水电能耗监测、消防监测、治安监测、物流人流综合监测、园区企业动态经营信息与产业监测等，直观准确地反映园区实时的综合运行态势。

2）石材流通产业园区智能化建设发展建议

鼓励龙头企业或者中小企业通过众筹的方式建设智能化工厂，通过大板扫描、智能切割、MES生产系统管理软件等为企业及用户创造价值，提升企业品牌竞争力；鼓励有条件的企业引入行业领先的五轴数控机床等加工设备，提高企业的数控加工能力；鼓励有条件的传统生产型企业引入"石材企业生产管理系统软件""石材码单管理系统"等管理软件。

3）石材流通产业园区智能化系统的主要模块功能

主要包括用户管理、消息管理、订单管理、财务管理、权限管理、合同管理、审批管理、招商管理、物业管理、物流配送管理、水电能源管理、石材展示展销管理、石材加工管理、石材库存管理、停车管理、餐饮住宿管理、危废管理、固废管理、一键发布、系统设置、营销工具等。

4）石材流通产业园区智能化建设实施要点

①建立领导机构和实施机构，推行信息主管制度。②编制智能化建设规

划和资金保障计划，保证资金投入，专款专用。③采用 IT 总承包模式，整体交由一家有实力的专业服务商进行项目总承包，根据石材流通产业园区特点，充分调研收集功能需求，集成市场已有的各优秀软件资源，完成智能化方案的设计和实施。④实施过程应遵循整体规划、分步实施、平台先行、逐步完善原则，做到标准化、精细化、系统化，保证工作少走弯路，最大限度降低投资决策风险。⑤尽量采用经实践检验的能够落地的成熟技术，根据未来园区的发展和市场需求的变化，实现平滑扩展和升级。

5）石材流通产业园区智能化建设的风险应对措施

园区智能化建设有技术高度集中、网络技术以及协议存在开放性的特征，导致园区网络有多种不同类型的安全隐患和潜在风险，比如网络系统安全风险、黑客攻击、数据库安全风险等，这些隐患为外来入侵者提供可乘之机，以此为契机入侵整个网络，会对园区网络安全造成严重后果。因此，园区智能化建设的首要目标就是要保障系统的可用性和保密性，比如在核心交换区部署专业的远程安全评估系统，在网络边界处部署有防病毒功能入侵的监测与防护系统，在园区网络办公终端部署专业的终端安全管理系统，数据库管理建立独立的安全审计系统等，以保障整个园区的网络安全。

20. 如何做好石材流通产业园区的生态建设？

当前，生态文明建设进入以降碳为重点战略方向，以推动减污降碳协同增效、促进经济社会全面绿色转型发展、实现生态环境质量改善、由量变到质变的关键时期，"双碳"目标倒逼产业转型升级，改善投资结构，也在一定程度上对石材产业园区生态建设提出了更高的要求。

生态园区的核心是以循环经济理念为指导。循环化改造是以循环经济"减量化、再利用、资源化"和"减量化优先"为原则，优化空间布局，调整产业结构，突破循环经济关键连接技术，合理延伸产业链并循环连接，搭建基础设施和公共服务平台，创新组织形式和管理机制，实现园区资源的高效循环利用以及污水和废物"零排放"，不断增强园区可持续发展能力。

21. 如何有效管控石材流通产业园区的建设成本？

成本控制是工程项目各部门，尤其是施工企业全员的事情，是贯穿于施工管理全过程的持续行为。施工企业项目管理部作为企业最基本的管理组织，其管理实质就是运用项目管理的原理和各种科学手段来控制工程造价，降低工程成本。

（1）人工成本的控制：一是要按劳动定额合理使用劳动力；二是减少非生产用工和无产值用工；三是严格外包队工资结算制度；四是认真执行各种工资实效制度。

（2）材料成本的控制：建筑材料成本在建筑安装工程造价中占有很大比重。要控制好施工项目责任成本，必须首先抓住"材料成本"这个关键环节，具体落实到工程管理部门，就是要在提高施工估料准确性、降低材料消耗、杜绝浪费、减少库存积压等方面下功夫，达到节约成本、提高经济效益的目的。

具体做法包括：一是要加强计划管理，实行实效储备制度，减少积压损失；二是要加强施工预算工料分析，以定额控制材料的使用；三是要加强文明施工生产管理，减少材料浪费和损失。周转材料一方面要按规定进行摊销，另一方面要减少使用数量，并注意维修、保管。租赁的材料物品要及时办理退租手续。

（3）施工机械的使用控制：一是提高施工机械的完好率和利用率；二是合理配置和租赁，降低机械费用的支出；三是合理编制施工组织设计，减少

二次搬运，在项目管理中实行工具定包管理。

（4）能源成本的控制：工程水电等能源消耗要把好计量关，注意节约使用。

（5）现场管理费的控制：一是控制和合理搭建临时设施；二是压缩非生产人员和非生产用工；三是严格执行开支标准，堵塞管理中的漏洞。

22. 如何优化配建石材流通产业园区污水处理厂（站）及主要公共配套设施？

石材产业园区污水处理及中水回用是一项重要的环境治理工程，符合国家和地方产业政策要求。为预防园区生产污水外排污染周边水体环境，实现水资源在园区内循环利用，园区应标配污水处理厂（站）作为公共配套设施。

筹建和优化污水处理厂（站），考虑因素较多，包括并不限于以下因素：

（1）污水处理厂（站）选址：宜邻近园区生产用水车间，减少给排水管道敷设总长度；或利用园区原始地形，设置在地势较低处，减少排水管道埋地深度，降低施工造价。选址宜交通便利，方便污泥外运处置；宜临近河道，方便补水。

（2）水处理容量设计：综合考虑园区生产商家数量、商家厂房总建筑面积、厂房内是否设置三级沉淀池等因素，按每日高峰时段测算用水总需量，以此设定单日最大水处理容量。容量设计过大则不经济，过小则将导致高峰时段供水不足。

（3）水处理工艺方案选取原则：①执行国家环保标准，确保出水指标达标 [水中悬浮物含量（SS）$\leqslant$ 70mg/L，pH 为 6~9]，技术成熟可靠，操作管理方便。②遵循技术可行、经济合理的原则确定各种设计参数。③污水处理设施在运行期间要有较大的灵活性和调节余地，以适应原水排放水质、水量波动较大的特点。④运行中不产生二次污染，对周围环境不产生影响。⑤在满足达标的前提下，尽可能选择节省土地、降低投资和运行成本的工艺。

目前，能够满足以上选取原则的水处理工艺如下：生产车间→排水管网→污水厂集水池→提升泵→沉淀反应塔→清水塔→给水管网→生产车间（以成都建工石材产业园为例，图1）。其中，絮凝剂在提升泵出口与沉淀反应塔之间管段加入。

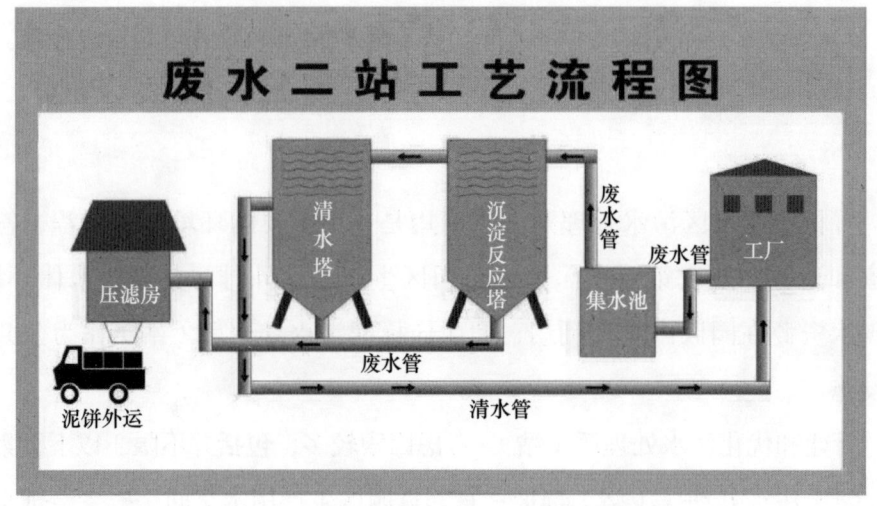

图1　废水二站工艺流程图

（4）设置补水系统：污水在循环处理使用过程中，因蒸发、渗漏等原因，存量循环水量会逐渐减少，需要定期补充新鲜水满足使用。设置补水系统时，宜选择在河道水源附近设置深水井，利用水泵抽取河水或井水补水。相比直接用工业自来水，此方式补水更经济，能够降低运行成本。

（5）压滤加压泵选型：早期较多使用G型螺杆泵，优点是投资造价低，缺点是易损件更换频繁，维护成本较高。如今，压滤加压泵优化为液压柱塞陶瓷泥浆泵，虽然一次性投资较高，但是后期维护成本很低，吸程大，出口压力可调范围较大，配套压滤机使用，能够获得出泥含水率较低的泥饼。综合来看，柱塞泵的经济综合效益优于螺杆泵。

23. 如何布局石材流通产业园区生活配套建设？

生活服务区在石材园区中属于配套性的功能区，用于建设基础性商务服务设施、餐饮业、旅店业和集贸市场等设施（如公寓、宿舍楼、食堂、超市等），满足园区内工作人员基本的生活需要。在规划设计中要考虑尽量减少加工区污染（包括粉尘、噪声、污水等）对生活服务区环境的影响。

在石材流通产业园区内建设公寓或宿舍楼，要尽量远离生产厂房的区域，一是方便统一管理，避免可能出现的安全隐患；二是远离生产厂房，避免涉及的职业健康危害，如物理因素（噪声、振动）、化学因素（苯、甲苯、二甲苯、甲醛）、粉尘（硅尘，即二氧化硅含量超过10%的无机性粉尘）；三是解决石材流通产业园区可能存在的"三合一"（即住宿、生产经营、仓库三个功能场所合一）问题等。

在石材流通产业园区内建设食堂，能有效控制园区内工作人员的用电、用气安全，也能为园区内工作人员保证食物卫生安全；建设便民超市，方便员工购买生活必需品。生活服务区的建设使园区内的工作人员足不出园就能享受生活所有配套，既帮助解决了园区企业发展的后顾之忧，有效促进园区形成"人群多元化、功能一体化"的综合性配套服务园区，也有利于增强石材流通产业园区的招商引资能力，助力产业蓄势崛起。

24. 石材流通产业园区产权办理的基本流程是什么？

以成都建工石材产业园为例，石材流通产业园区产权办理流程及材料准备如表1、表2所示。

表 1　产权办理前期材料准备

单位	审批事项	必备材料	共享材料（部门内部流转材料）
区发展和改革局	企业（外商）投资项目备案或核准	申请表1份	项目业主的营业执照或事业单位法人证书、组织机构代码证复印件1份（验原件）
区自然资源和规划局	土地利用规划说明	—	1. 立项文件（发展和改革局） 2. 项目承载单位文件（管委会或乡镇） 3. 规划选址图（规划局）
区自然资源和规划局	规划选址	—	1. 土地利用规划说明（自然资源局） 2. 立项文件（发展和改革局）
区自然资源和规划局	建设工程设计方案审查	项目规划设计方案文本及电子资料光盘（含效果图、CAD文件等）	国有土地权属证明文件1份（验原件收复印件）（自然资源局）
区自然资源和规划局	建筑放线	施工图1套、建设工程设计方案总平面图3份及电子资料光盘	—
住房和城乡建设局	建设工程消防设计审核（技术指导）	1. 建设工程消防设计审报表或建设工程消防设计备案申报表 2. 设计单位资质证明文件 3. 消防设计文件：全套设计蓝图[消防设计说明书、图审（消防专篇）合格报告原件（图审报告提出的问题均需要提供设计回复）] 4. 建设工程设计方案总平面图	建设单位的工商营业执照、组织机构代码证等合法身份证明文件
住房和城乡建设局	施工图文件审查备案	1. 经审查合格的全套施工图设计文件及电子资料光盘（建施、结施、暖通施装订成A4、总平图两套、外立面效果图及地勘报告） 2. 图审报告	1. 规划方案审查意见书（规划局） 2. 建设工程设计方案总平面图（规划局）
住房和城乡建设局	缴纳报建费	报建费缴纳申请表	—

续表

单位	审批事项	必备材料	共享材料（部门内部流转材料）
住房和城乡建设局	安全监督备案	1.《成都市青白江区建筑施工安全监督备案表》4份 2.《施工现场地下管线资料交接材料证明表》4份 3. 专职施工安全管理人员《安全生产考核合格证书》 4. 施工单位《安全生产许可证》复印件1份	1. 立项文件复印件1份（发展和改革局） 2. 建设工程设计方案总平面图（规划局） 3. 规划工程许可证或者施工图审报告或者施工图审查备案（规划局、建设局）
	民工工资保证金	民工工资担保函或现金缴费凭证	—
生态环境局	建设项目环境影响评价审批	1.《建设项目环境保护申报表》确定环评形式 2. 通过专家评审并修改完善的《建设项目环境影响报告书（表）》	1. 立项文件复印件1份（发展和改革局） 2. 建设项目规划选址意见（规划局） 3. 污水接纳说明（水务局）
安监局	职业病危害预评价审核（备案）生产经营项目	1. 专家组评审意见 2. 通过专家评审并修改完善的《建设项目职业病危害预评价报告》	—
水务局	取水许可证	1. 水资源论证报告书（表）3份，附电子文档或专项降水设计方案，并出具水务专家通过的评审意见 2.《取水许可证申请登记表》（单位盖章）	项目建设批准或核准文件（发展和改革局）
	水土保持方案审批	1. 建设项目水土保持方案报告书或报告表5份附电子档（报批稿） 2. 申请书	—
	污水接纳证明	《污水接纳证明申请》	

表2 园区竣工后产权办理基本流程及材料

审核单位	审核事项	资料详情（以相关职能部门要求为准）
住房和城乡建设局	工程竣工档案进馆	进馆之前的资料备案事宜请参考"综合性文件材料"一览表
自然资源和规划局	规划核实 规划测量（须与工程测量队签合同）	1. 测绘报告（建筑部分） 2. 地块规划条件及规划条件通知书 3. 工程规划许可证 4. 盖有规划章的总平图 5. 规划测量 6. 经办人身份证及委托书 7. 进馆意见书 8. 规划核实PPT 9. 房屋全景照
住房和城乡建设局	无民工工资拖欠证明（盖章）	无民工工资拖欠证明，须建设单位和施工单位共同盖章，如涉及民工工资保证金退还，需另准备资料
	竣工结算备案	1. 结算备案表 2. 结算书 3. 造价报告书（监理单位） 4. 安全文明施工评价得分及措施费费率核定表（安监站） 5. 无民工工资拖欠证明（建设单位、施工单位、港管委、清欠办共同盖章）
	人防工程竣工验收意见书； 人防工程易地建设费核定单； 人防工程许可意见书	1. 易地建设项目在有土地证的情况下，未办理工规证，提供易地建设申请表 2. 线上图审、备案，竣工验收 3. 提供规划备案的测绘报告
	工程竣工验收备案	成都市建筑工程竣工验收备案
测绘公司	房管局备案的测绘报告	由测绘公司工作人员提供资料清单
自然资源和规划局	国土竣工验收及房屋首次登记权籍调查（须与工程测量队签合同）	1. 房管局备案的测绘报告复印件（附楼栋号、楼盘表、门牌号） 2. 土地证复印件 3. 国有建设用地使用权出让合同及补充协议和招拍挂规划条件通知书复印件

续表

审核单位	审核事项	资料详情（以相关职能部门要求为准）
自然资源和规划局	国土竣工验收及房屋首次登记权籍调查（须与工程测量队签合同）	4. 工程规划许可证、总平图复印件 5. 规划核实意见书复印件及规划测量电子版竣工图 6. 工程竣工验收备案复印件 7. 地址证明复印件（祥福镇派出所） 8. 企业营业执照复印件 9. 法人身份证复印件 10. 代理人身份证复印件
	建设项目竣工土地核验	1. 建设项目竣工土地核验验收申请表、营业执照复印件，介绍信原件、经办人身份证复印件 2. 土地证复印件、国有建设用地使用权出让合同或划拨决定书 3. 规划条件通知书、工程规划许可证及附图、工程规划核实意见书或规划验收合格证 4. 工程施工许可证 5. 房管局备案的测绘报告 6. 权籍调查报告原件
政务中心	维修资金缴存证明	1. 房管局备案的测绘报告 2. 房屋专项维修资金单一产权人归集承诺书 3. 建筑区划信息说明书 4. 土地证、工程规划及用地许可证 5. 介绍信、经办人身份证、营业执照
	不动产登记	1. 不动产登记申请书 2. 营业执照、介绍信、法人委托书 3. 土地证 4. 工程规划许可证、工程施工许可证 5. 规划备案的总平图 6. 权籍调查报告、土地竣工核验单 7. 工程竣工验收备案表 8. 派出所出具的地址证明 9. 工程规划核实意见书 10. 自编楼栋号

25. 石材流通产业园区产权分割的解决思路是什么?

1）基本原则

优化资源配置，节约集约用地，培育产业集群，促进中小企业发展，营造良好的投资环境。

2）基本要求

可用于产权分割的厂房一般为标准厂房。标准厂房，是指在符合产业发展规划和国家建筑标准及行业要求的前提下，利用工业用地，由专门投资运营单位进行统一设计、集中建设，用于生产制造类小微企业租用或购置的工业厂房。标准厂房的建设与分割转让有以下要求：

（1）标准厂房项目用地属于工业用地，不得擅自改变土地用途。

（2）标准厂房不得用于居住、办公、商务、酒店等非工业用途。

（3）标准厂房的修建必须符合地方主管部门土地利用总体规划、产业发展规划、控制性详细规划等，以及其他相关要求，有道路、电力、通信、给排水及污水处理等功能配套。

（4）标准厂房集中区域的占地面积应在30亩（1亩≈666.7平方米，后同）以上，或建筑面积在4万平方米以上。标准厂房单体建筑面积原则上不得低于500平方米。

（5）标准厂房分割转让的最小基本单元应具有构造上的独立性，能够明确区分，具有利用上的独立性，可以排他使用，能够登记成为特定业主所有权的客体。

（6）标准厂房可按具有独立使用价值的幢、层、套、间等划分定着物单元，每个定着物单元与所在宗地设为一个不动产单元进行登记，并保持权利主体一致。标准厂房分割转让后的业态与园区产业定位一致。

（7）为标准厂房服务的物业、配套设施等不得分割转让，依法登记为全体业主共有，不颁发不动产权证书。

3）办理流程

（1）经信部门会同城建部门、自然资源和规划局、房管部门等政府部门统一研究制定标准厂房分割转让的文件。

（2）项目投资运营主体在标准厂房竣工验收合格后，持相关材料向不动产登记部门提出办理标准厂房初始登记的申请。

（3）项目投资运营主体向设计单位提出标准厂房分割要求，由设计单位按照相关设计规范出具标准厂房分割的设计报告，设计报告应满足标准规范对标准厂房分割最小基本单元的要求。

（4）项目投资运营主体向不动产登记部门提出标准厂房分割转让的申请，不动产登记部门按照有关规定结合标准规范的要求，办理标准厂房的分割转让。

4）要件组成

按照未经登记不得处分的原则，标准厂房应先办理初始登记，后办理分割的转让登记。

标准厂房办理初始登记的要件包括土地权属来源证明材料、建设工程符合规划的材料、房屋已经竣工的材料、房地产调查或者测绘报告、相关税费缴纳凭证及其他必要材料。

标准厂房办理分割转让登记的要件包括不动产权属证书、标准厂房分割方案、分割测绘报告、转让协议、相关税费缴纳凭证及其他必要材料。

5）监督管理

分割项目应按照法律规定缴纳国家和省市规定的各项税费，地方工业经济主管部门会同政府其他相关部门对分割项目的实施进行跟踪评价，重点考核产出值和税收额。考核未通过的园区将暂停享受包括产权分割在内的各项优惠政策。政府有关职能部门负责不定期组织对项目进行检查，对违规行为进行查处，停止产权分户的办理，对已经获得分户产权证的，在其再次转让时，不予办理相关手续。

从企业规模来讲，我国的石材企业多为中小型，石材流通产业园区定位于中小企业孵化园名正言顺，可借助相关政策寻求产权分割的突破。广东省东莞市2019年印发了《东莞市科技企业孵化器产权分割管理暂行办法》（东府办〔2019〕34号），对产权分割办法界定在国有工业用地、科研用地等用地上，以科技企业孵化器建设为主要内容并进行产权分割出租转让的产业项目。产权分割项目的房屋产权可以独立分割，办理销售手续，产业用房可以按照基本单元进行分割销售。

其实，孵化的概念不仅仅限于科技类园区和高科技企业，一些规划合理、管理规范、配套完善的石材流通产业园区完全符合孵化园的概念及标准。对于中小企业孵化园，各地均有相应的配套和鼓励政策。运用国家和地方关于中小企业孵化园的政策，不失为一条借力而行的路径。总之，梳理政策、研究政策、吃透政策、活用政策，找准发力点，最大限度地争取政府支持，才能最终破解石材园区厂房分割与产权办理的难题。

招商推广篇

26. 如何搭建石材流通产业园区招商团队？

所谓"招商"，即招揽客户，它是指发包方将自己的服务、产品面向一定范围进行发布，以招募商户共同发展。石材流通产业园区招商可以理解为石材流通产业园区开发商（或管理方）将园区的物业面向从事石材的客户、投资客户群体进行发布，将其引进入园经营共同发展。

在招商的过程中，人的因素是最关键的。园区开发商（管理方）要依据园区招商项目的规模建立一个组织完善、职责明确的团队。在该团队中一般包括以招商总监、策划部、招商部为核心的职能部门和岗位。

招商总监主要职能是主持整个招商大局，协调各个部门之间的关系，主要负责整个招商项目战略的制定以及目标落实的监督考核等工作，具体包括以下内容：根据公司各阶段经营目标，拟定相应工作计划；完成公司下达的招商目标任务；开拓重要客户及谈判；相关合同签署执行等。招商总监作为整个团队的核心领导人，在确定人选时不仅要注重其个人专业能力，还要考虑是否具有石材行业人脉资源，这样更有利于快速打开市场，抢占先机。

策划部主要负责采集石材及相关市场信息、调查和研究其市场情况、招商推广、招商活动策划等工作，形成详细的市调报告，为石材市场招商提供全面的市场引导和支持。具体工作包括所有招商策略的制定与落实、招商广告媒体的选择、招商费用预算及效果评估、招商活动的组织与实施、招商效果的评估等。

招商部是招商工作的执行者，主要负责客户开拓、谈判、款项催收、客户关系维系等重要工作。招商部一般设置有招商经理、招商专员、招商内勤等岗位。

（1）招商经理主要职责：拟定年度招商计划、回款目标，报招商总监审批实施；根据招商计划组织员工开拓客源；把握重点客户，把控80%以上物

业招商动态；关注下属员工思想动态，及时沟通解决；参与重要客户谈判及合同签署；负责制定招商部门工作流程及规章制度，报批及实施；制定所属下级岗位职责；定期组织召开例会；参与主持大型招商推介会等。

（2）招商专员主要职责：负责年度招商目标的具体实施；负责来电的接听、来访客户接待、档案建立；负责蓄客、意向性客户开拓、谈判、合同签署；负责款项催收；负责客户关系维系等。

（3）招商内勤主要职责：准备进行项目洽谈的相关资料；协助招商专员整理客户档案；将整理后的档案进行及时归档。

27. 如何对石材流通产业园区招商团队进行考核与激励？

招商是园区运营最核心的工作之一。要确定招商成果，推动招商工作有效开展，就需要对招商团队进行考核和激励，具体可以从以下几方面展开。

一是制定短期考核激励方案。短期考核激励主要采取"基薪＋相关福利"的形式发放薪酬。招商初期，招商人员有一个适应过程，主要是了解、熟悉项目情况，对外招商行为较少，那么此时主要考核招商人员对项目的熟悉度，薪酬基本形式是发放基薪与相关福利（如餐补、交通补贴、通信补贴等）。

二是制定中期考核激励方案。招商人员薪酬往往与提成挂钩，为了避免招商人员不思进取，激励员工朝着良好的方向发展，管理方可以在一定周期内采取淘汰制，对落后的员工及时淘汰，对入选的优秀员工后期进行重点培养。入选员工的薪酬采取"基薪＋提成＋福利"的形式（即多劳多得），以此鼓励员工发掘客户、开拓客户，促进成交，最终达成项目招商预期。要让员工体会到通过自己的努力才能提高收入，想要收入高就要付出更多努力，有利于团队积极向上。同时在此过程中要注意把控团队内部形成良性竞争，避免招商人员之间为了"抢客"产生内耗。

三是制定长期考核激励方案。项目正常招商过程中,可以设置月度优秀奖、季度优秀奖、年度优秀奖,一方面激励员工积极向上、开拓进取,另一方面可以为公司储备一定人才,对业绩优秀员工可以根据园区实际情况后期进行重点培养,为项目开拓业务做好人才储备。

28. 如何精确定位筛选石材流通产业园区目标客户?

想要精确定位筛选石材流通产业园区目标客户,实现顺利招商,这就需要做好客户管理。

(1)客户分类。考虑到石材流通产业园区的集聚效应,园区的目标客户多为石材类同行,建议通过前期策划推广,主抓行业重点客户,集聚一部分客户数量,通过同行间的意愿摸底调查潜在客户。为了能够精准地分析客户、把握客户,同时对客户进行分类,可以采取多种分类方式,比如按照客户现有经营规模、经营类别或是客户需求等分类。

(2)制定专属招商策略。针对前期筛选出来的客户,制定相应的专属招商策略。一是结合招商方案,制定不同时间点的推广方案;二是依据不同客户群体,在招商策略里拟定相应的招商时间、招商价格等;三是结合首批次招商结果,及时总结、调整后续招商内容,以此确保不遗漏任何目标客户。

29. 如何引进石材流通产业园区首批"种子客户"?

在园区初次招商过程中,首先要确定一批所谓的"种子客户","种子客户"的引进会对园区后续入驻企业形成自然的吸引力。这是一项系统性的工作，具体需要做好导向分析、资源分析和价值分析。

（1）导向分析，包括政策导向和市场导向两个方面。政策导向主要结合国家、地方相关法规、文件、规划等进行分析。市场导向属于比较广泛的区域概念，需要以点带面，考虑范围为园区周边、本地区、全国，甚至全球的发展态势，这样才能清楚园区发展现状和未来发展趋势。

（2）资源分析，包括园区自身资源和可以整合的其他资源。开发初期，深入分析园区是否具备开发建设石材流通产业园区的资源基础，这些资源是否能为园区后期的"种子客户"提供相应的产业支持和配套服务。

（3）价值分析，要从石材行业的经济价值和社会价值两方面进行分析。其中，经济价值较易衡量，可以通过建设石材流通产业园区给当地带来税收等方面的收益来分析。社会价值则具有更丰富的内容，比如通过创新、合作建设石材产业园区引进石材企业，能为当地拓展劳动力就业空间，带动当地服务产业发展等。

石材产业的定位分析完成后，相当于对该行业的发展环境进行了系统深入的分析，从而凸显出园区的招商优势。在此基础上，"种子客户"将会在强有力的产业吸引下青睐于该园区，并成功入驻。

30. 如何挖掘"种子客户"潜力，做好"客带客"促销工作？

与"种子客户"建立良好的关系。定期对"种子客户"进行电话回访或是上门拜访，与客户加强交流，了解其入驻园区后的想法及近期经营情况，重点关注入驻后的服务体验；通过交流，了解客户身边行业群体资源，可主动提出方便时进行引荐，引荐形式可以采取喝茶、晚宴接待等。在引荐会上适时主动了解引荐对象的基本情况、行业需求，主动寻求下一次单独拜访的机会。

结合当前市场行情，制定相应的"客带客"招商政策，比如，如果老客户介绍新客户成交，则新老客户均享有相应的物业费优惠、租金优惠等。

31. 如何发挥行业协会的作用，开展"组团式"招商？

要想快速扩大石材行业招商规模效应，首先就要了解石材产业特性，掌握相关资源，加入石材行业协会是行之有效的办法。加入行业协会，并且定期参加协会组织的相关活动，融入该群体，与协会成员加强交流沟通；同时，可以通过承办或是赞助协会相关活动、会议，邀请会员单位到园区进行现场参观，加深园区在协会会员心中的印象；还可以通过发挥协会的作用，制定相应的优惠招商政策，开展"组团式"招商。

32. 如何拓展市场投资性客户？

拓展客户是招商业绩的主要来源，有了充足的招商房源和客户才能促进有效成交。石材产业园区作为专业市场，除了开拓实体客户外，还需要不断地补充市场投资性客户，使其资源丰富，有利于促进园区持续性发展。可以从以下几方面着手拓展市场投资性客户。

一是参照商业地产招商模式，在网络上多发送招商信息广告，最好是置顶广告，标题、图片、宣传语都要新颖，采用DM单（直接投递或邮寄）投放、电台广告植入、广告大牌宣传等方式进行，尤其注重采用当下社会流行的媒介。

二是深入分析已成交客户情况以及已成交客户背后资源，大力推送"客

带客"优惠政策。

三是通过组织招商推介会、石材采购会等活动,扩大园区品牌知名度,不断提升全产业链聚焦度,吸引外来投资客的眼光。

33. 如何进行招商定价？

石材产业园区作为一个综合性功能较强的园区,不仅承载着专业市场的加工交易功能,又体现着园区的资源整合功能。成功的招商不仅能够为当地带来较大的经济收益,同时还能为开发建设带来稳定的持续性效益。在招商过程中,合理的定价尤为重要。

定价是招商过程中一个十分关键的组成部分。招商价格通常是影响交易成败的重要因素,同时又是招商组合中最难以确定的因素。开发企业对园区拟招商物业定价的目标是促成招商,获取收益。这要求开发企业既要考虑成本的补偿,又要考虑招商对象对招商价格的承受能力,从而使定价具有成交双方双向决策的特征。

开发石材产业园区项目的成本构成比较复杂,所以定价时一定要以科学定价方法为依据,以实践经验判断为参考,结合周边市场行情,在确保开发企业和招商对象双方经济利益的前提下,以开发企业投资回报及招商对象可以接受的水平为基准进行定价。

34. 制定促销策略主要考虑的因素有哪些？

制定一项优秀的促销策略需要考虑很多因素,主要分为外部因素和内部因素。外部因素主要考虑政策因素（政策制定调整对企业和营销对象产生的影响）、经济环境（包含当前企业和营销对象所处行业的经济环境以及企业和营销对象的购买力情况）、竞争力（主要是当前企业与有力竞争者采取的策略）等，内部因素主要考虑企业可动用的人、财、物、技术、信息等资源与规模以及企业成本控制等。

35. 撰写石材流通产业园区招商说辞有哪些注意要点？

通常将招商说辞理解为对招商项目情况的一些具体的解释。拟定招商说辞可以从以下几方面着手。

（1）拟定统一的接待称呼标准，比如：

您好！欢迎来到××项目，我是该项目的招商顾问×××，很高兴为您服务。

（2）对项目的介绍简明扼要，主要体现项目地理位置、体量大小、周边配套、项目基本功能、项目发展现状及项目未来发展趋势等。

（3）与周边项目、同行的差异化解释内容要客观、公正，切忌偏激化地采用排他性说法。

（4）针对不同的招商对象拟定不同的说辞，比如针对实体客户，说辞应注重解释经营的主要关注点；针对投资客户，说辞应注重分析投资回报情况等。

36. 如何提升目标客户到达率？

加大宣传力度，通过媒介媒体广告投放、线下宣传单发放，扩大品牌知

名度，锁定目标客户群体。

定期对目标客户群体进行回访，了解其需求及身边相关资源，做好对目标客户的服务工作。

策划具有一定吸引力的现场活动，采取统一组织形式召集目标客户。

37. 如何提升目标客户转化率？

（1）做好前期目标客户服务，定期对目标客户进行回访，了解其需求。

（2）努力提升目标客户到达率，为转化奠定一定的基础。

（3）结合项目开发成本和目标客户的价格接受度，制定有效的招商价格策略。

（4）结合目标客户类型制定多种招商组合方案，拟定优惠的招商政策，吸引目标客户入驻。

38. 招商案场管理的主要内容有哪些？

招商案场为招商工作提供必要的基础环境，招商案场管理是招商工作的重要组成部分，其主要内容包括对招商人员的管理、现场及接待工作管理等。

招商人员管理包括招商人员的考勤管理、个人仪容仪表和人员培训管理。一是要结合项目实际情况和销售周期，拟定合适的作息时间，建立完善的考勤管理制度，对招商人员进行考勤管理，主要涉及上下班时间、休息时间、会议培训时间等。二是由于一个形象良好的招商人员能够增加客户的亲切感，促进招商业务持续有效开展，因此对招商人员仪容仪表提出了更高要求，比如要求男士不能留齐耳长发、不能留有胡须，女士不能过度染发、要求淡妆，统一着职业装、服装颜色尽可能统一等。三是鉴于招商工作特殊性，要求招商人员时刻保持积极向上的热情，具有朝气，要根据项目招商情况和周期，结合市场行情拟定培训计划，不断加强专业知识培训学习，提升员工综合素质，才能不断满足各阶段招商需求，促进成功招商。

现场及接待工作管理包括两方面。一方面是案场环境卫生管理。一个具有舒适环境的招商案场能够加深客户对项目的认可度，所以招商案场环境卫生管理尤为重要。一般情况下，项目开始进入招商环节后，招商案场会安排物业公司进场，项目案场的环境卫生由物业公司委派专人负责，包括保洁、安保、糕点茶歇等服务。另一方面是招商人员接待工作管理。项目招商初期，招商负责人会根据项目情况拟定招商接待流程，包括从客户进入项目案场招商人员如何轮流规范接待、接待客户后如何进行礼貌沟通、如何全面简洁地介绍项目情况、如何送客、接听电话流程、陌拜（未经预约拜访陌生人）的流程、后期对客户资料的监管等。管理人员完善相应流程制度后就会对招商人员进行培训、学习、考核上岗，同时在执行过程中也要根据项目招商情况对管理制度进行及时修订。

39. 如何打响园区知名度的"第一枪"，达到开园"一鸣惊人"的效果？

（1）园区前期招商，一定要有至少一家标杆型企业。无论是通过常规招商方式，还是通过加大政策支持力度或投资买商等方式，必须吸引一家标杆企业入驻，以达到战略目的。

（2）开园之前，园区可以通过筛选，聘请一批具有相关专业知识的行业专家担任园区顾问。

（3）一个知名园区一定要有园区标志、标准色彩、象征图案、标语口号、园区吉祥物等VI（Visual Identity System，视觉识别系统）设计，这些元素可以帮助园区建立独特的视觉形象，给政府、企业参访者以及媒体留下专业且深刻的印象。

（4）宣传资料是园区推介和宣传的重要载体。招商团队初期外拓时需要携带园区的宣传资料，向客户介绍园区的基本情况。

（5）设计好开园参观路线，展示最亮眼的一面。

（6）筹备一场精彩的论坛演讲或路演，将园区的崭新形象通过路演的方式向公众和企业客户展示，成为开园前的重中之重。

（7）举办一场盛大的开园仪式，打响"第一枪"。开园仪式邀请政府领导出席，通过领导致辞、企业代表发言、行业专家演讲，将园区的硬实力和软实力全方位地展现出来。开园仪式的举办，有利于后续政企交流、招商合作等工作的开展。此外，通过主流媒体的报道和传播，顺利完成第一波面向社会各界的招商推介。

40. 如何全盘考虑园区租售比的关系？

一般情况下，租售比指的是每平方米建筑面积的月租金与每平方米建筑面积的房价之间的比值。国际通行标准认为，合理的房价租售比应在1∶250以内，比值越高，说明房价中的投资需求越大。

招商政策里确定合理的租售比不仅有利于招商工作全面完成，更有利于实现项目收益最大化。确定合理的租售比需从以下几个方面考虑：一是结合项目的战略发展目标确定；二是参照项目周边的同类市场行情；三是结合项目的现金流回正时间、公司的财务经营数据来确定。

41. 制定园区推广预算方案主要考虑的因素有哪些？

第一，在制定园区的推广预算方案时，应参考往年的运营收入（招商收入和物业收入）和推广预算，了解推广预算费用在整个收入中的占比情况，同期同行业推广预算占比情况等。途径主要是通过内部财务、外部市调进行大概估算。

第二，结合往年与当年业务开展情况进行对比，包含业态、业务量大小、是否新增业务及业务量大小、主营业务推广费用占比情况和新增业务预估投入费用进行测算，预估大概数据。

第三，参照往年每月推广预算执行情况，结合当年目标，进行每月费用测算。将当年目标计划分解到每月，然后结合每月计划分解预算。

综合以上因素后，最终可以测算出预算费用的大概情况。

42. 如何控制好项目推广预算？

控制项目推广预算是一项综合管理工作。在项目推广过程中要将项目推广成本控制在预算内是一项重要的过程管理。

第一，推广预算控制涉及对各种能够引起项目推广预算发生变化的因素的控制。在项目推广周期范围内，要事先拟定好推广计划方案，结合项目预计营收基本目标、奋斗目标，尽可能考虑到当年年度推广形式、推广内容以及具体产生的费用等。

第二，在年度推广活动中，将推广方案分解到每月，提前一个季度对下一季度的推广方案进行预判，考虑是否有调整、调整幅度大小、是否有必要

调整等,如非特殊情况则不进行调整,以便及时控制预算,如有调整,则要考虑剩余预算方案是否可以继续实施。

第三,每月对当期和当年度已产生的推广费用进行分析,对已经发生的推广行为后期是否有必要持续进行或是调整进行研判,分析后期的预算费用是否超额,如有超额现象是否调整方案,改为下期进行。践行"能省则省,非必要不调整"的原则。

运营管理篇

43. 石材流通产业园区运营管理服务团队的基本配置有哪些？

所谓石材流通产业园区运营，即通过经营来强化石材流通产业园区品牌力量和口碑效应。通常情况下，石材流通产业园区的运营管理服务团队主要包括以下三个核心组成部门（成员）。

1) 运营总监

负责整个园区运营管理，包括根据运营目标组建运营团队；负责团队人员招聘、培训、考核；负责市场调研，运营方案的制定、实施和考核评价；负责项目预算制定、目标分解、监督执行；负责重点客户开拓、谈判及关系维护；负责与政府部门工作对接等。

2) 招商部

负责整个园区品牌宣传、推广、补位招商，根据园区规模可以设置招商经理、招商专员、策划专员等岗位。招商部主要负责园区大型活动组织、实施；园区剩余物业推广、招商；剩余物业合同签署、款项催收；负责建立客户基础信息，进行不定期回访，关系维护；负责市场调研并形成分析报告，为招商策略制定提出合理化建议；负责客户档案管理等。

3) 物业部

物业管理是园区运营的核心组成部分，物业服务质量高低直接影响运营成果好坏。园区物业管理模式与普通商住物业管理相似，但其复杂性和难度高于普通商住物业。普通商住小区更多面向的是普通老百姓，管理理念较为单一，而园区管理对象均为实体企业经营户，其管理内容更多涉及的是对企业的管理，包含涉及对其经营范围、经营业态、经营现状等管理。

鉴于园区管理的复杂性，物业部主要核心组成部分有以下四类。

（1）秩序维护管理：主要负责园区各岗口进出人员询问、登记、检查，园区日常安全监督管理，园区车辆管控、防疫等工作。

（2）工程维护管理：工程维护不仅是物业的重要组成部分，更是整个运营管理的重要工作。工程维护正常才能使园区正常运行，对园区运营经济指标顺利完成起着至关重要的作用。其主要负责园区公共设施设备维护保养、入驻企业安全用电管理、园区污水处理厂设备运行保养等工作。

（3）网格员：负责园区公共区域安全环保管理，园区企业安全、环保、职业卫生、特种设备监督管理。

（4）客服管理：负责园区业务收费、企业缴费票据开具、相应水电报表制作等工作。

44. 石材流通产业园区在不同阶段如何匹配物业团队？

石材流通产业园区的管理类似于其他地产项目，但又高于普通地产项目的管理。因为二者服务对象不一样，普通的地产项目面对的服务群体基本属于单一群体，而石材流通产业园区面对的服务群体都是企业，少则几十家，多则几百家，同时，其服务的内容也是多样化的。这就要求园区在不同时期要匹配相对应的物业团队。

一是招商前期。招商前期，物业主要功能与其他地产项目类似，均是以项目建设期物业基础管理和招商客户基础为主。这期间物业的主要工作是为招商提供服务，管理项目现场，为客户到场参观做好服务帮助。园区需要重点配置专业的客户接待人员、现场安保人员，为客户参观提供茶水、陪同等基础服务。

二是入园初期。当园区建设完成，进入交付和交付初期后，物业服务的主要工作就是配合客户做好交付手续，协调政府各部门为客户办理完善工商注册等相应经营手续。在此期间，园区就需要配备相对专业的物业客服人员、财务人员、工程人员、有一定法律基础知识的工作人员以及与政府进行沟通的专职人员。

三是入园后的发展期。当所有客户都进驻园区后，园区进入稳定发展时期，这一阶段园区的主要工作就是运营管理，即协调政府部门、帮助入驻企业进入持续稳定发展期。此阶段需要园区配备专业的运营管理团队，包括专业的工程维护团队和运营管理人员，以打造一支高标准的物业服务队伍。园区在为入驻企业做好基础服务的同时，还要根据属地政府相关规定，要求企业合法合规经营，在此基础上为园区创造更多持续性的运营收益。

45. 园区物业为入驻企业提供的服务内容有哪些？

石材流通产业园区属于多功能产业园区，不同于一般商住小区。这就对公司物业的服务内容和服务质量提出了更高要求。

一方面，园区入驻对象多为企业商户，园区物业为其提供的服务内容与一般商住小区服务对象不同，主要有三点。其一，园区提供基础配套设施要完善。园区在建设期，就要根据项目需求情况设置相应功能区域，园区在前期招商时也是结合功能区域进行定向招商，以满足园区运营基本需要。企业入驻园区后，为企业办理房屋交验手续，其流程内容主要涉及房屋功能使用。其二，协助企业按照国家法律法规要求完成相应工商注册等手续，达到合法经营基本条件。其三，企业在办理好房屋入驻等相关手续后，进入正常运行期，园区则提供基础工程维护、水电代充、安保服务等。

另一方面，在园区进入正常运行期后，为了给入驻企业提供一个良好的营商环境，园区除了在做好基本的工程维护、环境卫生管理、安防服务外，最重要的工作就是要配合属地政府监督和保障企业合法合规经营。第一，要按照属地政府要求，督促企业依法纳税，为当地经济做出贡献；第二，配合属地政府，不定期向企业传达国家有关法律法规、政府文件精神，督促企业

加强安全、环保管理。第三，根据不同时期属地政府的要求，督促企业完善相关经营等各种手续，同时要不定期组织入驻企业开展各种交流活动，发挥桥梁纽带作用，促进企业与属地政府沟通，为企业正常经营提供良好的营商环境。

46. 提升石材流通产业园区运营管理服务品质应重点关注哪些环节？

石材流通产业园区运营管理中的主要内容之一就是为入驻企业提供良好的服务，为入驻企业创造一个良好稳定的营商环境。对此，公司应从以下几个方面着手：

1）了解入驻企业需求

为入驻企业提供良好服务的前提就是要了解入驻企业需求。在不断调研分析的基础上，提高与重要入驻企业沟通对话的能力和频次。一方面，园区要组织团队积极参加各种业务培训，不断学习国内外先进运营管理理念与理论知识，将理论运用于实际，逐步提升园区的运营管理服务水平；另一方面，要深入入驻企业，及时倾听企业心声，共同探索园区运营阶段管理思路。

2）了解园区公众需求

园区要秉持"尊重客户，以人为本"的运营服务核心理念，深入了解园区公众需求。在满足园区大多数人员需求的基础上，为部分有需求的入驻企业人员提供教育、餐饮多元化、社交多元化等个性服务，解决这部分人员的后顾之忧，使他们能够安心工作，这不仅保证了企业业务的正常开展，同时也有利于园区品牌宣传，为引进更多客户资源创造条件。

3）提升智能化服务

现代化的管理离不开智能手段的运用。园区可以以水电代收代支为基础，搭建智慧运营平台，建立智慧收费系统，构建大数据运营中心，提升园区企业自助管理便捷化，打造智慧园区新生态。

4）加强与属地政府公共关系维系

一方面，园区要不断加强与属地政府的沟通交流，及时了解政府招商、税收、安全、环保等方面的相关政策，积极配合政府对入驻企业进行文件宣贯、法律法规培训等，引导企业良性发展；另一方面，让企业及时了解属地政府相关要求，经常与企业沟通探讨园区运营思路，了解企业诉求，及时解决企业困难，促进企业平稳运行，促使三方关系良性发展。

47. 如何提高石材流通产业园区仓储与物流方面的服务水平？

提高石材流通产业园区的仓储与物流方面的服务水平，应从人、流程、战略规划等方面入手。人的方面，应通过培训提高接待专业水平，加快业务办理速度；流程方面，应认真梳理并优化完善仓储与物流服务流程，减少烦琐的流程，提高业务办理效率；规划方面，应结合园区实际情况，通过对园区仓储、物流等不同功能用地的战略规划，确保有充足的区域用于仓储与物流，制定合适的价格政策，使服务对象充分感受到专业、简便、实惠的服务。

48. 根据石材流通产业园区具体情况和入驻企业实际需要，应引进哪些具有社会化功能的办事机构，为企业提供服务？

早期的石材企业存在许多共性问题，如缺乏科学的管理、安全环保意识不强、对工人的职业健康关心不够等。随着国家政策及相关法律法规的不断完善，各级政府与社会对石材行业的要求越来越严格与规范。园区为了能更好地为入驻企业提供绿色、科学的经营环境，应根据国家的相关政策法规并结合石材行业的特点，引进下列机构，为入驻企业提供各方面的咨询与培训服务：职业卫生体检机构、职业卫生管理人员培训机构、安全生产管理员培训机构、法律培训机构、环境监测机构、消防安全培训机构、叉车及行吊年审机构等。

49. 如何与入驻企业建立良性互动（机制），为入驻企业创造价值？

园区在运营管理过程中，加强与入驻企业的良性互动，为入驻企业创造价值是提高园区管理质量的关键所在。

一方面，随着园区的持续发展，园区可以组织管理咨询公司为入驻企业做培训、辅导，提升园区管理水平的同时加强品牌企业的引入，在对入驻企业充分了解的基础上，应加强与企业沟通，帮助企业制定发展规划，使企业能够看到进入园区后的发展前景，带动其他企业进行提档升级。同时，园区要通过制定先进的管理制度以及完善的管理规范，不断对企业进行培训、指导，督促企业加强内部管理，带动企业朝着良好有序的方向发展，以提高企业的整体实效。

另一方面，园区要结合属地政府的要求，以及入驻企业发展需要，力争成为一个为企业服务的机构，积极发挥企业与属地政府之间的桥梁作用，不定期开展相关活动，不但要为企业解决基础生产保障问题，使企业正常经营和运转，还要为企业提供必要的基础服务，打通企业获得信息咨询和法务咨询的通道，为企业有序经营提供强有力的支持。

50. 针对园区运营收费标准调整，如何做好客户沟通工作？

由于成本费用等原因园区准备对相关管理费用上调时，首先要考虑该收费项上调是否符合国家相关法律法规，咨询政府相关部门是否需要报备，报备流程如何。

园区拟定收费标准时要进行全方位的市场调研，包括对周边市场和同行业市场的市场调研，并进行横纵向对比。

园区运营部门负责人应组织园区重点客户进行座谈沟通，沟通方式可以采取晚宴形式，便于缓和现场紧张气氛。同时就园区现有经营成本情况并参照周边地区园区情况给客户一个简单的解释，让客户清楚了解园区运营成本现状，说明调整费用不是凭空制定，而是来源于园区的实际情况。要提前拟定费用上调的详细说辞，并对有关部门相关人员进行沟通培训。

调整费用后如遇到客户投诉要处理及时，耐心解释，最大程度地化解矛盾。

51. 如何维护政府、企业客户等公共关系？

（1）勤走访。公司应利用传统节日等时机，对各入驻企业进行走访，通报情况，互通信息，增进了解和沟通。

（2）提高入驻企业形象，在对外交往中，应经常向政府相关部门人员通报入驻企业情况，让他们了解入驻企业经营情况及各项指标数据完成情况。

（3）充分利用各类活动平台，组织入驻企业积极参与各类活动，塑造良好的合作形象与积极的参与态度，有助于入驻企业对外公共形象的确立。

 石材流通产业园区如何发挥政府和企业间的沟通与桥梁作用,实现既能代行政府的部分职能对入驻企业进行管理,又能为企业提供服务、保护入驻企业合法权益的目标?

若想真正做好政府与入驻企业的润滑剂,起到桥梁作用,园区一方面要加强与属地政府的沟通,及时将园区企业经营情况以及企业生产经营过程中出现的问题或困难向属地政府汇报,按照属地政府的要求,协调配合政府相关部门进行沟通解决;另一方面要及时传达政府的相关文件精神,定期组织入驻企业开展学习、培训,要求入驻企业要严格按照政府的相关法律法规和有关文件要求进行合法经营。

53. 园区管理者如何实时掌握入驻企业的生产经营情况?

园区管理者应从以下三点入手,实时掌握入驻企业的生产经营情况。

第一,公司应通过招商资料,对入驻企业进行初步了解,并根据该资料建立入驻企业完善的信息台账,信息台账内容包括但不限于企业名称、注册资本、经营范围、以往历年产值、员工数量、企业生产规模等;然后按照入驻企业规模大小进行排序。

第二,定期进行数据分析。现代化的有效管理手段就是数据分析。要通过数据分析准确地掌握入驻企业经营情况,了解园区的运营管理手段是否有效。在运营管理过程中,每月要对入驻企业的经营数据,如水电费、纳税情况、财务报表等进行监测分析,以便实时掌握入驻企业生产经营情况。

第三,勤走动,下基层。物业管理人员通过对现场巡视管理来摸底入驻企业的实际生产经营情况。

54. 如何加强入驻企业人员的管理?

其一,要求入驻企业建立完善的企业人员信息台账,并定期向派出所报备登记;要求企业按照职业卫生要求对入职人员进行健康检查与监测,包括入职体检、年检、离职检查,建立详细的入职人员监测台账。

其二,在人员从业过程中,要求企业要定期开展对员工的各种教育与培训,包括加强员工的思想教育、专业技能培训、安全环保教育等,不断提升员工的政治思想觉悟和综合技能水平。

其三,要建立完善的企业管理制度。现代化企业管理要求企业必须建立完善的企业管理制度,企业管理制度的建立一方面是确定企业正常良性运转的基础,另一方面也是企业对员工进行管理的载体。只有严格执行企业管理制度,才能确保企业生产经营活动正常运转、员工的合法权益受到保护。

55. 什么是石材流通产业园区网格化管理?

石材流通产业园区网格化管理是指依托石材产业园区统一的管理平台,将入驻企业划分为若干个单元网格,通过对单元网格的巡查,建立一种监督和处置互相分离的形式。

园区网格化的目的是通过合理的网格划分,建立园区、园区内各区域、企业商户主体单位三级体系，以完善园区的管理。

网格化管理的基本环节是网格的划分。依据园区地理分布和企业数量，合理确定责任网格。网格划分总体原则是"全面覆盖、界限分明、职责明确"，即涵盖园区所有范围、进行清晰的划分、将每个区域明确地划分到每个网格员名下，使全面管理、职责明确进一步落到实处。

56. 石材流通产业园区网格化管理具体有哪些内容？

（1）基础数据采集。网格员对辖区内企业的从业人员、经营情况信息进行全面采集；园区管理方按照属地政府要求，及时将采集信息进行上报，有助于属地政府及时掌握入驻企业经营动态；制定相应的帮扶政策，加强入驻企业与属地政府沟通，促进园区协调发展。

（2）分析管理。通过网格员对辖区内企业数据的采集，使管理方能够及时结合属地政府要求，对企业进行监督管理。园区进行网格化管理后，将园区分为多个网格，每个网格设置专人管理，避免管理盲区。专职网格员第一时间将管理方的管理制度和管理规范向园区企业传达，并对其进行相应的监督管理，包括安全、环保、职业卫生、"门前三包"等。及时通过数据和现场管理分析、研判企业经营现状是否良好，是否按照属地政府要求合法合规经营，有助于进一步落实管理方主体责任，降低管理风险。

57. 如何在石材流通产业园区内引进5G和大数据技术，实施网格化管理？

园区借助5G技术，可逐步完成光纤网络升级，搭建智慧园区基础平台、园区移动端系统、园区信息化系统、园区 3D 可视化平台等模块，实现园区封闭化管理。管理人员通过连接石材流通产业园区业务子系统及智能终端设备，可以进行基于场景的大数据分析。例如，对进出园区的人流、物流、车流等进行实时管控，结合人工智能技术做到精准定位，同时，通过高清摄像头对园区内道路、雨污水排口等公共区域基础设施实行实时监控，实现全方位安防监控，让园区更加"智慧"。

通过 5G 技术在工业互联网、人工智能等方面的应用，还将突破地域和厂房的物理边界，助力园区实现"分类控制、分级管理、分步实施"的智慧化管理，将管理体系、服务体系、营销体系和防护体系紧密结合，具备感知、传输、存储、协同、判断、决策等综合运营管理能力，支持园区管理、园区安防、企业服务等多种应用场景，综合展现园区运行核心系统的各项关键数据，可有效提高园区资源配置效率，降低园区运营成本。

58. 如何考核石材流通产业园区网格化管理的效果？

应建立园区各级管理人员的巡查制度，其中包括园区网格员巡查考核制度和园区管理人员巡查制度。一方面，每月由网格员的上级主管对其工作结果进行考核打分，考核结果与其薪酬挂钩，实行相应奖惩；另一方面通过部门或是上级相关单位不定期对园区安全、环保管理工作进行抽查，就抽查中发现的问题进行及时整改，同时就抽查中发现的问题进行溯源，以进一步明确考核网格员管理工作的实际效果。

运营管理篇

59. 如何在入驻企业的安全生产、清洁生产等管理中引进定期考核与奖惩机制，实施奖励先进、末位停产整顿等措施，促进入驻企业的规范化发展？

首先，入驻企业自身需制定严格的安全生产制度和操作规程，落实安全生产责任制，特种作业工作岗位的员工必须做到持证上岗。建立安全生产组织，明确领导责任，配备专职安监人员，负责企业日常的安全生产检查，督促和整改工作，做好本单位的安全生产教育培训等工作。其次，入驻企业要做好环境卫生维护工作，要保持厂区整洁、规范生产，企业需定期检查和保持现状。

坚持公开、公平、公正原则，定期对入驻企业进行考核，体现考核体系的客观性和科学性。坚持动态管理、动态考核、动态评价原则，采取定期监测管理动态评价和季度考核相结合的方法，对入驻企业进行考核评价。

在考核中，全面排查入驻企业各种安全隐患，做好排查记录，对排查出的隐患、问题建立台账清单，对连续三次检查问题排名落后的企业，实行末位停产整顿。如果企业不遵照执行停产整顿，将视情节予以加倍处罚。定期组织安全生产检查，排查安全生产事故隐患，督促企业及时进行整改。

立足服务、主动帮助解决园区入驻企业在安全生产专业技术方面的困难和问题，及时发现违法违规行为，及时发现事故隐患，督促帮助落实整改措施，加强联系沟通，密切协调配合，形成良性互动的安全生产管理机制，让入驻企业走上规范化发展的道路。

60. 石材流通产业园区运营管理的主要应急预案有哪几类？

疫情类应急预案：新型冠状病毒感染等疫情防控应急预案。

消防类应急预案：火灾应急预案。

安全类应急预案：包括低压触电事故应急预案、高处坠落应急预案、受限空间中毒窒息应急预案、车辆伤害应急预案。

61. 如何制定园区运营管理的主要应急预案？

园区运营管理过程中，可能会突发一些公共事件，公共事件按照内容不同一般分为自然灾害、事故灾难、公共卫生事件与社会安全事件。根据相关的法律法规要求与按照公共事件出现的概率、是否重大来制定主要应急预案。制定过程中，应注意建立健全重大应急事件防控体系，建立灾前监测与预警、灾中防控与救援、灾后重建与复产全流程应急方案，并在指标监测、灾害风险评估、园区综合调度、受灾人群定位、灾害损失评估测算等方面进行完善。

62. 对入驻企业如何有效催收应收账款？

确保相应款项正常回收，是石材园区运营管理工作的重要内容。一是在拟定合同时，要制定完善的履约内容，制定详细的款项催收机制。二是要制定相应的款项催收流程，流程设置上重点考虑催收款项的时间进度。三是注重对业务人员沟通技巧的培训，将款项催收纳入对业务人员的工作考核，主动激发其主观能动性。四是对欠费企业进行原因分析，加强与他们的沟通，尽可能在合同规定范围内协调解决其问题。

63. 在园区运营管理中如何杜绝微腐败？

石材产业园区面对的管理对象均为实体企业，涉及微腐败风险系数较高，为了进一步规避此现象发生，可以着重从以下几方面着手：一是在招商政策制定中可采取对招商价格进行评估，制定详细的招商流程审批；二是在收取物业费、水电费等相应费用时禁止使用现金缴费，要求其通过网银转账方式转入对公账户；三是开展创收型业务时制定统一的收费标准，在园区公示栏进行公示；四是设置投诉机制，在园区显眼位置设置投诉电话等。

64. 如何有效管理外包服务单位？

一是根据外包业务制定不同的外包服务标准，并参照此标准按照公司招采流程选择外包服务单位。二是设置专人对外包单位进行管理，制定相应的管理人员考核制度，在服务过程中对各项外包服务进行监督、考核。三是制定完善的外包单位年度考核制度，将年度考核不合格的外包单位纳入供应商黑名单，不再录用。

65. 如何有效管理入驻商家的装修？

入驻企业（乙方）装饰施工前必须与园区（甲方）签订装修管理服务协议，办理装修登记，提交由业主、装饰单位共同签名的装修申报登记表。

乙方报送装修申报登记表时，应附上详细的装饰装修施工方案，装修方案需满足园区装修标准，包括装修项目明细表（各种厂房设备、设施的位置及所用建筑材料的材质和防火性能等）和施工图纸，如平面图、水电气系统图、天棚平面图、风管平面图（若有适用）、烟温感平面图（若有适用）等。

乙方应向甲方提交所聘请的装饰公司的营业执照（盖公章）、装饰装修企业资质证书等复印件。

凡涉及改动厂房、房屋建筑结构、外观、消防、环保等与国家规范或政策要求不相符的装饰装修及妨碍相邻的装饰装修，经甲方项目物业服务中心初审后，乙方还必须将装饰装修方案报由建设单位、当地房地产主管部门及消防、环境监测、规划等相关主管部门审核批准，确认批准后，甲方项目物业服务中心发放"园区出入证"。

不得破坏厂房、房屋的承重结构、主体结构；不得将原设计未进行防水处理的房屋、阳台改为卫生间、厨房；不得随意钻凿顶棚、楼板；不得损坏厂房、房屋的整体、外观形象；不得破坏外墙装饰，不得擅自扩大原有门窗的尺寸或者另建门窗；不得随意增加楼地面荷载，在室内做分隔或填充装饰时必须使用轻质材料，装饰施工材料严禁集中堆放，不得超负荷吊顶、安装大型灯具及吊扇、设备等；严禁在厂房内违规修建、搭建或扩建、分割小型建筑房屋（如厨房、卫生间、职工宿舍、办公场所等）。

要保证各厂房、楼宇公共设施的完好，不得占用、损坏厂房、房屋的公用部位、共用设施或者移装公共设施设备；禁止封闭、移装或改、破坏水、电、气等配套设施、设备，不得侵占、毁坏绿地，不得乱倒垃圾、杂物、高空抛物等。

装修完必须由甲方组织装修竣工验收，验收不合格，存在违规装修等行为，则由甲方下发整改通知限期整改。严重违规装修可暂不退还装修保证金，直到整改完毕验收合格后再进行退还。

工程人员需每日进行两次装修巡查，详细记录巡查内容。

66. 如何规范管理园区广告牌等宣传载体？

建立广告牌台账，形成规范、统一的编号记录，以便后期查找、归档。在投放广告前对广告内容进行审核。

定期（每月一次）安排园区巡逻人员进行安全巡查，尤其是风雨雷电等危险天气。

定期（每年二至三次）聘请第三方广告公司对广告牌进行防锈蚀等处理。

定期（每年一次）邀请第三方检测公司派遣专业人员对广告牌进行专业检测并出具报告。

67. 如何发挥微信公众号等网络媒体的作用，进行项目推广？

园区和运营公司公众号应定位清晰、分工明确。项目预热初期可根据实际需要提前铺垫公众号文章以聚集人气，文章主题可依据当时社会热点进行发挥及扩展，也可通过网络直播在线推广；项目进行中则可通过抽奖等推文形式维持人气、吸引新粉，做到持续性推送。另外，可联系行业内较为知名的公众号进行文章推送等。

68. 如何规范管理出入园区车辆？

使用门禁系统和车辆出入管理系统，车牌识别摄像头自动识别车牌，并自动记录车辆进出场时间，管理人员可以通过客户端查询来访记录。

所有进入园区的机动车辆（非机动车）应按警示标志减速慢行，进出大门应主动接受门岗检查，载货车辆出门时须提供出门条，门岗确认后方可驶离。

机动车辆（非机动车）必须按公司指定区域、车位集中停放。严禁在消防通道、交叉路口、道路转弯处乱停乱放，外单位车辆、出租车不得在园区内过夜。

基建、大修等各种特种作业车辆必须办理审批手续后方可进入园区，且在工程区域内和指定路线上行驶。

送货车辆进入园区时，须在门岗登记后方可进入，车辆进入园区必须缓速行驶，禁止鸣笛，不得随意停放，离开园区时须将货物的包装及作业产生的垃圾随车带走。

69. 如何协调解决入驻商家之间的小矛盾、小纠纷？

向所有入驻企业发出倡议，提倡建立稳定、可持续发展的文明园区，倡导园区的文化发展理念，重在和谐、文明发展，树立入驻企业和谐经营理念。

通过组织园区多种形式的活动（包括运动会、年会等），加强入驻企业之间的交流。

就商家之间发生的小矛盾、小纠纷，园区运营方可以通过现场召集、茶歇等形式将纠纷各方召集在一起，共同查找原因，通过协商来解决问题，发挥好中间人的作用。

70. 如何利用视频监控、环境监测等信息化手段提升园区管理效能？

信息化管理是现代企业管理的重要手段。要不断提升园区管理效能，可以考虑采取以下几方面措施：一是在园区内设置监控，可实现实时查看园区情况，有利于安全环保治安管理；二是启用智能抄表系统，可实现远程数据及时上传，不仅避免了传统抄表带来的弊端，还有利于降本增效；三是设置智能道闸，可实现实时记录、自动统计进出车辆信息及进出数据等；四是运用智能收费系统，可实现自动管理客户缴费、欠费等信息。

71. 石材流通产业园区在运营管理中开展金融创新业务的必要性和机会有哪些？

石材流通产业园区是在原有传统石材专业市场不断发展基础上，集金融、创新、物流等资源于一体的新型综合性产业园区。开发建设运营园区除了能在开发初期为开发单位带来一定的经济效益外，重要的就是在后期通过运营带来一定收益。而现代化运营管理中的收益很大一部分就是通过对企业开展金融服务实现的创收收益，入驻企业的资金需求正好为金融服务提供了坚实有力的基础。

第一，石材园区入驻大量的实体企业为金融创收奠定了需求基础，大量的资金投入不仅能够维持企业正常运转，还能加快企业拓展步伐。

第二，园区开发企业具有优质的融资条件。园区物业大部分是由开发企业自持，以园区经营现状作为融资基础，通过将金融机构引入顺利实现金融资金的筹集。

第三，可以将金融创收作为园区运营的一项可持续发展的服务，通过解决入驻企业在经营中出现的资金困难来形成强大的园区吸引力，吸引更多优质企业入驻。

72. 石材流通产业园区开展金融创新业务的基本模式和难点是什么？

结合现有石材流通产业园区的特性、市场行情以及银监等机构的政策导向，开展金融创新业务基本采取融资租赁贷款、供应链金融服务两种模式。

（1）融资租赁贷款：按照现有产业园区特性，要求入驻企业均需办理工商注册，成立独立的法人主体，以租赁合同在银行进行担保，由银行给企业办理贷款授信、放款等业务。此种模式难点是出租方风险系数较大，存在入驻企业收到贷款后未按时还款，导致出租方承担违约赔偿。如要采用该模式，最好是出租方能够把控贷款企业的一定资产。

（2）供应链金融服务：随着现代社会经济发展，供应链模式发展迅速，同时结合石材行业具有上游采购、下游直销的特性，为供应链模式奠定了基础。其链条结构为：业务单位在供应商处进行货源采购（直接将货款支付给供应商）→销售给园区石材企业（石材企业支付款项＝采购货款＋垫资利息）。这种业务模式因其链条形式较为简单，目前被普遍采用。但其难点就在于单笔业务涉及量小，同时采购时间比较灵活，无法在一家企业上形成较大规模。

73. 如何在石材流通产业园区中发挥商协会组织的作用？

商协会是各行业会员企业的代言人，代表会员企业的核心利益，在行业中具有一定权威性。如果想迅速了解行业情况，掌握行业动态及核心资源，那么就要首先从商协会切入，石材行业也不例外。

第一，动员入驻企业加入石材行业相关商协会。随着现代社会经济不断发展变化，以往的单打独斗远远不能适应企业的发展，"抱团取暖"正是企业

运营管理篇

当下的最佳选择。加入石材行业商协会是企业融入行业、促进发展的有效途径，通过商协会可以了解掌握行业各种信息资源，使会员企业能够更好地把握自身的发展方向。

第二，园区管理方要充分协助商协会发挥作用。一方面，要借助商协会优势，不定期组织行业企业相互交流、外出考察，帮助会员企业了解行业发展动态及趋势，为自身品牌造势，扩大其影响力。同时，也为招商提供便利，促进优质企业入驻园区，使园区不断优胜劣汰，实现提档升级。另一方面，要联手商协会定期组织会员企业共同研究行业、园区当前急需解决的问题；代表本行业加强与属地政府的沟通，保护会员的合法权益，促进园区和入驻企业良性有序发展。

第三，可以借助商协会的影响力和协调能力，组织建材、家具、装饰行业企业之间开展合作，组织入驻企业与原材料供应商的合作、与金融机构的合作交流等，实现共赢。

 如何在石材流通产业园区加强党建工作，发挥党组织的先锋模范和监督保障作用？

石材产业园区要加强党建工作，建立健全园区的基层党组织，充分发挥党员的先锋模范作用，发挥党组织的监督保障作用。

第一，党组织要积极宣传贯彻党和国家的各项方针政策、法律法规，号召入驻企业和全体党员要时刻关心国家的政要大事，学习贯彻党的二十大会议精神，务必把中央的会议精神和国家的有关方针政策落实到园区工作中。

第二，要求全体党员做好本职工作，努力提高思想政治觉悟，以身作则，努力工作，尽自己最大努力提升专业技能水平，保持党员在工作中的先进性。

第三，在园区管理工作中要始终坚持党的绝对领导，坚持中国共产党的核心政治地位不动摇，健全监督体系，畅通党内的监督通道，使监督工作有法可依，有法可循。坚持民主监督，积极体现现代企业的公开性和民主性，促进园区良性发展。

75. 如何加强入驻企业的法治建设？

第一，引导入驻企业提高法律意识。随着社会主义市场经济的不断发展和完善，国家新的法律、法规陆续出台实施，为企业生产经营活动带来较大影响，这就要求企业要不断加强自身的法治建设，遵规守法。同时，在全球市场和国内经济大环境不稳定的影响下，企业的投资建设、对外担保、市场销售等行为均存在较大的潜在风险。想要规避风险，企业就要不断提高自身的法律意识，特别是企业法定代表人或者重要管理者更要带头学法懂法，不断提高依法经营、依法管理的水平，学会运用法律武器提高拓展市场和抗风险的能力，适应市场经济发展的需要。

第二，要求入驻企业要按照要求完善企业注册。依据《中华人民共和国公司法》（以下简称《公司法》）的要求，企业应依法建立和完善法人治理结构，建立健全现代企业制度，明确权利责任。园区管理方应要求入驻企业在进入园区后，即按照属地政府要求，及时进行工商注册，完善企业相关经营手续，并根据《公司法》和其他法律法规的相关要求，结合企业自身实际情况制定、完善企业内部管理制度，把企业的经营管理纳入法治化轨道。

第三，加强入驻企业法治宣传教育，提高入驻企业人员的法律素质。坚持加强园区入驻企业法治宣传教育，提高入驻企业人员的法律意识。重点对入驻企业负责人及管理人员进行法治宣传教育，通过法治宣传培训、观看教育片、参加法治教育活动等形式，加深企业对法律法规的认识，进一步增强诚实守信、依法经营、依法管理的法治理念，从而形成经济市场良好的营商环境。

安全环保篇

76. 石材流通产业园区的主要安全风险种类有哪些？

安全风险是安全事故（事件）发生的可能性与其后果严重性的组合。通过对可能性和后果严重性的预估，安全风险等级从高到低划分为重大风险、较大风险、一般风险和低风险，分别用红、橙、黄、蓝四种颜色标示。安全风险类别的确定，需要综合考虑起因物、引起事故的诱导性原因、致害物、伤害方式等。对不同类别的安全风险，采用相应的风险评估方法确定安全风险等级。

根据《企业职工伤亡事故分类》（GB/T 6441—1986）和石材流通产业园区生产实际，石材产业园区存在的主要安全风险种类有：①物体打击，指失控物体的惯性或重力等其他外力的作用下产生运动，打击人体而造成的人身伤害事故。②车辆伤害，指园区内机动车辆在行驶中引起的人体坠落和物体倒塌、下落、挤压伤亡事故，如道路运输。③机械伤害，指机械设备与工具引起的绞、碾、碰、割戳、切等伤害，如叉车叉装作业。④起重伤害，指从事起重作业时引起的重物坠落、夹挤、物体打击、起重机倾翻等事故，如大板吊装作业。⑤触电，是电击伤的俗称，通常是指人体直接触及电流或高压电经过空气或其他导电介质传递电流通过人体时引起的组织损伤和功能障碍。⑥火灾，指造成人身伤亡、财产损失的火灾事故，易燃物品如不饱和树脂类、油性防护剂类、香蕉水等。⑦高处坠落，凡在坠落高度基准面2米以上（含2米）的，人员从高处发生坠落。⑧中毒和窒息，指人接触有毒物质，如误吃有毒食物或呼吸有毒气体引起的人体急性中毒事故。⑨自然环境、恶劣天气、地质灾害等不可预见的危害影响。针对以上安全风险，要对入驻企业负责人进行集中安全培训，确保其熟悉安全风险防范措施和事故应急处理措施。

 如何规范管理产业园区的电力设施，做好入驻企业的用电管理？

园区电力设施设备是维持园区正常运行的基本保障，为了确保园区正常运行，主要从以下几方面加强规范管理。

（1）根据供配电系统的具体情况，建立相应的管理机构，配备充足的专业人员，确定各级职责，加强供配电管理。

（2）建立健全各种供配电规章制度，如电器设备运行规程、检修规程、岗位操作规程和电器安全规程等管理制度。

（3）完善供配电基础技术资料，建立供配电设备档案、供配电系统图，完善检查维修记录台账。

（4）园区合理调整用电负荷，采用无功补偿措施，提高功率因数，使其达到 0.90 以上。

（5）各厂区应使用标准计量装置，禁止私自拆卸改动计量装置。安装预付费电表的，电表不宜安装在厂房内。

（6）定期对供配电设施进行巡查，发现问题及时处理，并详细记录检查台账。

（7）入驻企业厂区因扩建、改建、增加用电设备，需增加用电负荷的，应按规定办理相关手续，并且提供准确的用电量，经过相关部门确定并同意后，方可施工，确保安全用电。

（8）园区生活用电线路应规范敷设，严禁私拉乱接、超负荷使用、电瓶车违规停放充电和电热设备人走未断电现象。生活用电设备及线路应由专业电工定期进行检查、维护，确保设备及线路的安全性。人员离开房间时，应及时关闭照明、空调等用电设施、设备。

78. 如何规范管理石材流通产业园区消防设施？

消防设施，是指建筑物内的火灾自动报警系统、室内消火栓、室外消火栓等固定设施。常见的自动消防设施有火灾自动报警系统、自动喷淋灭火系统、消火栓系统、机械防排烟系统、防火卷帘系统和气体灭火系统。

自动消防设施分为电系统自动设施和水系统自动设施。电系统设施是在发生火灾事故时能自动报警的设备，这些设备要求在各处安装探头，然后所有探头接入一台主机。当探头探测到有火灾的迹象，就会把信息传递给主机，主机通过发出报警响声和显示报警原因来提醒工作人员。水系统设施则是在人流量和货物较多的场所通过水管引水，在较大水压的状态下，消防水的出口处用喷淋头堵上，温度较高情况下就会自动爆破，然后喷淋头就能均匀洒水，达到灭火的目的。

按照《建筑消防设施的维护管理》（GB 25201—2010）规定，建筑物产权单位或受其委托管理建筑消防设施的单位，应明确建筑消防设施的维护管理归口部门、管理人员及其工作职责，建立建筑消防设施值班、巡查、检测、维修、保养、建档等制度，确保建筑消防设施正常运行。

石材流通产业园区建筑消防设施的维护管理归口部门是园区管理方，指定消防设施管理人员负责园区消防设施日常管理工作，所有入驻企业必须在生产经营场所的每一个风险点位配备灭火器，并定期开展消防安全培训和应急演练活动。按照《建筑消防设施的维护管理》（GB 25201—2010）要求，管理人员应每周对消防设施巡查一次，填写"建筑消防设施巡查记录表"，每年对消防设施至少检测一次，检测对象包括全部系统设备、组件等，填写"建筑消防设施检测记录表"。人员在值班、巡查、检测、灭火演练中发现消防设施存在问题和故障时，应立即通知维修人员进行维修，填写"建筑消防设施故障维修记录表"。园区按实际情况制定消防设施维护保养计划，列明消防设施的名称、维护保养的内容和周期，实施维护保养时，填写"建筑消防设施维护保养记录表"并进行相应功能试验。

79. 如何规范管理石材流通产业园区道路交通安全？

石材流通产业园区内道路交通安全指的是人们在园区内道路上进行活动时，要按照相关规定，安全地行车、走路，避免发生人身伤亡或财物损失。园区管理方负责本园区内的道路交通安全管理工作。规范管理园区道路交通安全工作，主要从人员、车辆、道路和制度管理四个方面入手。

（1）人员管理：进入园区的驾驶人员必须依法取得驾驶证件，驾驶准驾车型，严禁驾驶人员疲劳、饮酒驾驶，行人按照园区内交通标志标线在人行通道或靠右行走。园区可组织人员开展交通安全法律法规宣传和道路交通安全教育，提高园区从业人员道路交通安全意识。

（2）车辆管理：进入园区所有车辆安全设施应齐全有效，车辆载物严禁"超长、超宽、超高、超重"；园区各出入口和转弯处等重要路段设置车辆限速标志牌，严禁入园车辆超速行驶；严格审批入园特种车辆和施工车辆，审核通过后出具入园许可手续，门岗人员严格检查入园许可手续，入园车辆必须按指定的地点停放，严禁乱停乱放。

（3）道路管理：园区道路设置交通标线，主要交通路口设置减速带和安装视频监控设备，严禁车辆和石材违规占用园区道路。生产区域和生活区域尽可能实行道路分离的交通安全管理方式，最大限度确保园区人、车安全。

（4）制度管理：园区管理方制定园区道路交通安全管理制度并进行公示，同时与园区入驻企业签订交通安全管理责任书，规范人员行为，车辆状态和道路环境应满足园区交通安全要求，园区管理方按照制度要求每日对道路交通安全状况进行巡查。

80. 如何规范管理石材流通产业园区内的室外堆场？

根据《装饰石材工厂设计规范》(GB 50897—2013)相关规定，露天堆场的地基应进行预处理，处理范围不应小于堆场外缘以外宽度5m，堆场宜进行地面硬化处理，堆场地面应满足自然排水条件，坡度宜为3‰~5‰，堆场应设置不小于4m宽的运输通道。

石材流通产业园区室外堆场是由园区管理方统一规划设置，具有交通便利、储存和装卸安全方便的特点，是仅供园区入驻企业堆放石材的专用露天场地。要规范管理石材流通产业园区室外堆场，主要应从制度保障、人员组织、石材堆码环境卫生和技防措施方面入手。

（1）制度保障：签订室外堆场租赁合同，明确双方责任和义务，制定室外堆场日常巡查制度，明确室外堆场的巡查内容、频次和台账管理要求。

（2）人员组织：建立室外堆场管理机构，专人负责室外堆场的租赁、巡查、维护和记录工作。

（3）石材堆码：室外堆场内石材堆码严禁高度超过2.4m，严禁超出使用范围，禁止堆放石材以外其他货物。

（4）环境卫生：堆场承租企业负责使用范围内环境卫生的清扫工作，严禁石材及废料乱堆乱放影响整个室外堆场环境质量。

（5）技防措施：室外堆场各出入口等重要点位安装视频监控设备，视频监控画面接入手机操作端，确保随时随地查看室外堆场管理情况。

81. 如何规范管理石材流通产业园区物业的配套服务及商家安全？

石材流通产业园区占地面积较大，入驻企业数量多，完善的物业配套服务对于石材产业园区的长效运行管理至关重要。如何规范管理物业的配套服务及商家安全？

首先，提供配套服务的物业企业应具有从事物业管理服务的资质，设置相适应的物业服务机构，配备服务人员（包括但不限于秩序维护人员、工程维护人员、市场管理人员、客服人员、保洁和绿化人员）和服务设施，专业技术人员和操作人员应取得相应的专业技术证书或职业技能证书。应安排工程维护人员定期对低压设施设备开展维护保养工作，以及第三方维保单位定期对高压设施设备开展维保工作，确保公共设施设备的正常运行。秩序维护人员应提供全天候的公共秩序维护服务和治安防范服务。保洁人员应每天提供规范的环境保洁服务，为园区企业提供整洁、卫生、安全和美观的环境。绿化人员应定期提供绿植和草坪养护服务，保持园区整体的绿化效果。客服人员应每天为园区入驻企业提供水、电等相关费用充值服务。配套服务物业企业应建立健全物业管理档案制度，完善物业管理档案资料。

石材流通产业园区入驻企业的安全管理工作，主要是组织实施入驻企业安全管理规划、指导、检查和决策，这是保证生产处于最佳安全状态的根本环节。入驻企业安全管理主要包括制度保障、人员管理、技术手段三方面。

（1）制度保障：园区管理方与入驻企业签订物业管理服务协议、安全生产责任书等制度文件，明确入驻企业在安全生产中应尽的职责和义务，禁止入驻企业在未经允许的情况下，私自搭建违章建筑。

（2）人员管理：组织入驻企业开展安全生产法律法规培训学习和应急演练活动，提高入驻企业安全生产能力和突发事件应急处置能力。同时，园区管理方应分别安排市场管理人员和工程维护人员每月对入驻企业安全生产状况和用电现状进行安全监督检查，确保及时发现隐患并督促企业完成整改。

（3）技术手段：园区要建立入驻企业微信工作群，以便能第一时间解决入驻企业安全生产过程中遇到的问题。建立完善的园区视频监控系统，为园区规范管理入驻企业安全提供技术保障。

82. 如何管理石材流通产业园区的社会治安？

社会治安指的是社会的安定秩序，包括公共秩序和公共安全。良好的社会治安是人们幸福生活和安全生产的重要保障。石材流通产业园区社会治安指的是园区内的安定秩序。做好石材流通产业园区社会治安管理工作主要包括制度保障、人员组织和技术措施。

（1）制度保障：建立健全园区突发社会治安事件应急处置预案，定期组织人员开展应急演练活动，提升园区突发事件应急处置能力；建立健全秩序维护人员安全生产责任制，明确岗位安全职责。

（2）人员组织：加强园区秩序维护队伍建设，不断完善园区门卫、值班和巡查人员配置，园区秩序维护人员实行24小时值班制度。加强安全防范指导工作，通过园区微信群、公众号和宣传栏等方式进行法制安全教育，提高园区全体人员安全防范意识。

（3）技术措施：加强园区安全技术防范体系建设，不断完善园区视频监控系统，积极构建园区立体化治安防控体系。建立与属地公安机关长效沟通机制，确保园区及时、快速处置突发社会治安事件。

83. 石材流通产业园区突发事件应急响应制度基本内容有哪些？

应急响应通常是指一个组织为了应对各种意外事件的发生所做的准备工作，以及在事件发生后所采取的措施。其目的是减少突发事件造成的损失，包括人民群众的生命、财产损失，国家和企业的经济损失，以及相应的社会不良影响等。应急响应所处理的问题通常为突发公共事件或突发重大安全事件，通过执行各种突发公共事件而设立的应急方案可使损失降到最低。

石材流通产业园区应急响应制度的基本内容应包括：

（1）响应分级，应急响应级别分为"扩大救援响应""一级（公司级救援）响应"和"二级（部门级救援）响应"。

（2）响应程序，现场值班人员立即向上级领导报告，园区负责人接到事故（事件）信息，初步研判应急响应级别后，立即启动相应级别应急响应。

（3）处置措施：现场隔离和警戒。突发应急事件发生后，园区应急领导小组应尽快安排疏散警戒组对事故现场进行隔离和警戒，疏散现场无关人员，最大限度地缩小危险范围。

（4）现场检测与评估：园区应急领导小组应根据现场需要，对现场进行综合分析和评估，查找事故原因。

（5）人员撤离：明确应急状态下人员疏散、转移和安置的方式、范围和路线。

（6）医疗卫生救助：突发事故发生后，如涉及人身伤亡，应立即组织开展对受伤人员的现场救助，必要时联系外部医疗单位，及时送伤员就医。

（7）后勤与物资保障：现场救援组有权调动一切人力和资源，用于现场救援。

（8）现场保护和取证：园区应急领导小组应安排疏散警戒组保护现场，并对事故现场和损坏的设备进行拍照、录像。

（9）应急处置过程记录与报告：信息保障组负责记录应急处置过程，提出应急处置预案适用性、科学性、符合性建议，提出此类事故的预防和应急处置建议措施，提出应急预案修订建议。

84. 石材流通产业园区安全生产演练基本内容有哪些？

应急演练是为检验应急计划的有效性、应急准备的完善性、应急响应能力的适应性和应急人员的协同性而进行的一种模拟应急响应的实践活动，可以分为单项演练、综合演练以及场内、场外应急组织合作进行的联合演练。实践证明，应急演练可以检验预案的可行性以及应急反应的准备情况，验证应急预案的整体或关键性是否可以有效地付诸实施，可以检验应急工作机制是否完善，应急反应和应急救援能力是否提高，各部门之间的协调配合是否一致。

石材流通产业园区应急演练基本内容包括以下几个方面。

（1）演练目的：为提高园区处置生产过程中突发事故（事件）能力，最大程度地预防和减少突发事故（事件）及其造成的损害。

（2）演练人员及职责：确定演练总指挥，成立演练工作小组，明确各自职责。

（3）预警及信息报告：预警指当上级及政府有关部门发布高温、大风、大雪、暴雨、雨雪冰冻灾害等恶劣天气预警时，园区应按照相应预警级别进行响应。信息上报内容包括事故（事件）发生单位、时间、地点、部位以及现场情况；初步掌握的人员伤亡（包括下落不明的人数）、直接经济损失、社会影响情况；可能造成的危害以及已采取措施情况；事故报告单位、报告人、报告时间及联系方式等。

（4）应急响应：按照园区突发事故应急响应制度内容和程序开展现场救

援工作。

（5）演练结束：事故现场得以控制，导致次生、衍生事故隐患消除后，经演练总指挥确认和批准，现场应急处置工作结束，应急救援队伍撤离现场。

（6）演练总结：演练工作结束后，由总指挥对应急演练预案、演练效果和组织实施等工作进行总结、评比，提出下一步改进意见或建议。

85. 石材流通产业园区日常安全巡检制度内容有哪些？

日常安全巡检是指对生产过程及安全管理中可能存在的隐患、有害与危险因素、缺陷等进行查证，以便制定整改措施，消除隐患和有害与危险因素，确保生产安全。其任务是查出各种安全隐患，督促整改，监督各项安全规章制度的实施，坚决杜绝违章指挥、违章作业等情况。

石材流通产业园区日常安全巡检制度具体内容包括如下几个方面。

（1）园区工程维护人员每月对园区公共配套供电设施、园区入驻企业用电设施设备、地下室消防泵房、发电机等进行安全巡查；园区工程维护人员每年至少对园区公共给排水设施设备进行一次安全巡查。

（2）园区消防设施操作员每周对消防设施、消防控制室进行一次巡查、每月对灭火器材进行一次巡查。

（3）园区网格员每天至少对道路交通、危废暂存间、一般固废堆场、石材堆场进行一次巡查，每月至少对入驻企业进行一次安全生产巡检。

（4）废水处理站操作员每天至少对水处理设施设备、压滤机械进行两次巡查。

（5）园区秩序维护员每天至少对园区出入口、重点区域和重要路段进行两次巡查。

86. 石材流通产业园区"三合一"等安全隐患问题的主要解决措施有哪些?

住宿与生产、储存、经营等一种或几种用途混合设置在同一连通空间内的场所俗称"三合一"场所。这种场所大都存在可燃物多,住宿与生产、储存、经营等场所没有严格的防火分隔,消防设施不健全,人员消防安全意识淡薄等问题,一旦发生火灾,容易造成人员群死群伤,对生命财产安全造成严重危害。

石材流通产业园区"三合一"场所的主要形式是建筑物首层作为办公或经营场所使用,二层和三层作为住宿场所使用,或者是建筑物前方为经营场所,后方为生产场所而形成的"前店后厂"。按照《住宿与生产储存经营合用场所消防安全技术要求》(GA 703—2007)相关规定,"三合一"场所安全隐患的主要解决措施包括:①在有甲、乙类火灾危险性的生产、储存、经营的建筑,建筑耐火等级为三级及三级以下的建筑,厂房和仓库以及地下建筑内严禁设置住宿场所、人员宿舍。②严格落实防火分隔措施,应采用不开门窗洞口的防火墙和耐火极限不低于1.5小时的楼板将住宿部分与非住宿部分完全分隔。③严格落实逃生疏散措施,住宿与非住宿部分应分别设置独立的疏散设施,疏散门应采用向疏散方向开启的平开门,并应确保人员在火灾时易于从内部打开。④严格落实火源控制措施,除厨房外,不应使用、存放液化石油气罐和甲、乙、丙类可燃液体。存放液化石油气罐的厨房应采取防火分隔措施,并设置自然排风窗。⑤严格控制可燃材料使用,建筑物的吊顶、墙面等装修应采用不燃或难燃材料。⑥严格落实技术防范措施,在疏散走道、住宿部分、疏散楼梯的顶部应使用独立式感烟火灾报警器。场所内应配备灭火器和消防应急照明灯。

87. 如何做好入驻企业特种设备的管理？

特种设备是指涉及生命安全、危险性较大的锅炉、压力容器、压力管道、电梯、起重机械、客运索道、大型游乐设施和场（厂）内专用机动车辆这八大类设备。为保障特种设备的安全运行，国家对各类特种设备，从生产、使用到检验检测三个环节都有严格规定，实行的是全过程监督。

石材流通产业园区入驻企业在生产经营活动中主要使用的特种设备有起重机械（桥式起重机）和场（厂）内专用机动车辆（内燃叉车）。

为规范入驻企业特种设备管理工作，园区要明确特种设备安全管理流程。

（1）企业购买特种设备时要审查特种设备制造单位是否具有制造许可证，查看出厂资料是否齐全。

（2）入驻企业在特种设备投入使用前或者投入使用30日内，应当办理特种设备注册登记手续。

（3）企业应建立健全特种设备使用安全管理制度、岗位安全责任制、安全操作规程和特种设备事故应急预案，配备专职或兼职特种设备安全管理人员。

（4）特种设备（内燃叉车）作业人员应当经培训考核，持证上岗。

（5）企业应对特种设备至少每月进行一次自行检查，并作出记录，定期开展特种设备检验，内燃叉车每年检验一次，桥式起重机每两年检验一次。

（6）企业每年应对特种设备作业人员和管理人员进行安全教育培训，提高企业的特种设备安全管理水平，提高操作人员的安全意识、安全操作技能。

88. 当前石材流通产业园区面临的主要环境风险有哪些?

石材流通产业园区是集高端石材设计、精加工、体验展示、会展营销、检验检测等功能于一体的综合性产业园区。园区入驻企业主要生产工艺包括以下几类。

（1）裁切、边棱加工：对石材进行裁切或边棱加工处理。

（2）干（湿）磨：采用手持式研磨机对石材表面进行干（湿）磨处理。

（3）拼接：将打磨好的石材部件采用粘结剂进行粘接和手工拼装。

（4）对拼接好的石材采用研磨机进行表面打磨。

（5）雕刻：石材雕刻的加工方式包括手工雕刻、机器雕刻和电脑雕刻。

针对企业主要生产工艺流程，石材流通产业园区当前面临的主要环境风险有：一是生产废水和生活污水。二是干切或干磨产生的粉尘和粘接过程中产生的VOCs（挥发性有机物）有害气体。三是噪声。四是一般固废和危险废物（主要是大板胶补的废气排放，严格按环保要求，则目前多数企业此项指标皆不达标，国家现阶段允许用碳吸附方式，但从长远来看，行业对标欧盟标准，将在此项领域加大投入）。

89. 做好石材流通产业园区环境保护工作应该着力解决哪几个问题?

石材流通产业园区入驻企业在生产经营过程中会对生态环境产生一定的影响，做好园区环境保护工作显得至关重要。环保工作应该重点解决如下问题。

（1）园区入驻企业环保手续：企业应严格按照属地环保部门要求，完成相关手续办理。

（2）大气污染治理措施：根据产生的粉尘和有机废气污染物情况，采取规范合理、切实有效的防治措施，所有生产型企业应配备除尘设备，并且加盖除尘棚，大板刮胶等区域要对刮胶工序进行空气净化处理。

（3）废水治理措施：主要包括生活污水和生产废水，生活污水可通过园区预处理池进行处理后再排入市政管网，最终进入城市污水处理厂；生产废水、地面冲洗废水可通过园区公共废水管网收集后，排到园区内部废水处理站进行处理，经处理达标后的水再回用于生产中，不外排；禁止企业做酸洗面等化学腐蚀工艺，危害环境。

（4）固体废物治理措施：主要包括一般固废和危险废物，一般固废可由园区管理方统一安排收集，并集中贮存到一般固废堆场，委托有资质的第三方公司进行转运处置；危险废物由园区各产废企业委托有资质的第三方公司进行转运处置。

（5）噪声治理措施：噪声可通过采取选用低噪设备、减振、合理布置总图、厂房隔装消声器等措施，实现噪声达标。

90. 入驻企业涉及职业健康的危害因素主要有哪些？

石材流通产业园区入驻企业涉及的职业健康危害因素主要包括以下几种。

（1）物理因素：噪声、手传振动。噪声主要是由入驻企业在切割、打磨石材作业时而产生，手传振动是由入驻企业作业人员手持切割机、砂轮机作业而产生。

（2）化学因素：苯、甲苯、二甲苯、甲醛，主要是由入驻企业在粘接作业过程中使用粘结剂而产生。

（3）粉尘：硅尘（二氧化硅含量超过10%的无机粉尘），主要是由入驻企业在干法切割和研磨抛光石材作业过程中而产生,要求入驻企业在涉及粉尘作业的工序时,作业人员必须佩戴防尘口罩。

91. 入驻企业在生产加工过程中产生的主要污染物有哪些?

石材流通产业园区入驻企业在生产加工过程中产生的主要污染物有以下几类。

(1)大气污染物:粉尘、VOCs(挥发性有机物)。

(2)水污染物:生活污水、地面冲洗废水、生产废水。

(3)固体废物:生活垃圾、石材加工下脚料及残次品、废磨片和锯片、污泥、废包装桶、废活性炭、废机油、废弃抹布及手套、化学用品包装(一般由指定厂家回收)。

(4)噪声。

92. 入驻企业在生产加工过程中采用的主要环保措施有哪些?

环境保护是研究和防止由于人们生活、生产建设活动使自然环境恶化,进而寻求控制、治理和消除各类因素对环境的污染和破坏的有效办法。入驻企业采用的主要环保措施主要包括以下几个方面。

(1)干抛区设置三面围挡,上部加顶,剩余一面安装活动软帘,对粉尘进行(负压)收集并经水洗式除尘器脱水后集中处理。

(2)粘接区设置三面围挡,上部加顶,剩余一面安装活动软帘,有机废气收集并经二级活性炭吸附或其他VOCs处理装置处理后排放。

（3）生产废水经园区公共排水沟进入废水处理站，净化处理后再回用于生产，不外排。

（4）一般工业固体废物分类暂存在固废箱，再统一转运至园区一般固废堆场，外运处置。

（5）危险废物统一暂存在园区共建危废暂存间内，委托有处理资质的单位转运处置。

93. 如何做好石材流通产业园区危险废弃物的管理与处置？

按照《中华人民共和国固体废物污染环境防治法》（2020年修订），产生危险废物的单位应当按照国家有关规定制定危险废物管理计划，建立危险废物管理台账，如实记录有关信息，通过危险废物信息管理系统向所在地生态环境主管部门申报危险废物信息，同时应当按照国家有关规定和环境保护标准要求贮存、利用、处置危险废物，不得擅自倾倒、堆放。

入驻企业在生产加工过程中产生的危险废物主要有：废机油、废油棉纱和手套、废胶桶和废活性炭等。按照危险废物相关管理要求，入驻企业应与有处置资质的单位签订危险废物处置服务合同，入驻企业将产生的危险废物贮存至内部自行设置的、符合要求的危废暂存间，由第三方处置单位定期进行转运处置；或者由园区统一建设危废暂存间，企业自行将产生的危险废物分类贮存在内，各自完善危险废物管理台账，园区管理方做好危废暂存间日常监督管理工作。在共建危废暂存间达到一定贮存量时，入驻企业负责通知第三方处置单位对危险废物进行转运处置。

94. 如何加强石材流通产业园区生产和生活污水处理系统的运行与管理?

石材流通产业园区生产和生活污水处理系统作为园区水污染物治理的直接防治措施,对水环境保护起着举足轻重的作用。在日常管理中为了加强生产和生活污水处理系统的运行与管理,有以下几方面主要措施。

(1)水质管理:水质管理是污水处理系统的重要工作之一,包括水质正常时的管理和水质异常时的处理。

(2)运行操作管理:作业人员在工作过程中,发现有问题就要及时作出整改,并记录在案。将现场的生产标识贴在醒目位置上,便于操作人员对工作情况及时了解。对操作人员做好岗前培训,保证其了解岗位职责、安全风险以及应对措施。

(3)污染监控技术水平:加强污染源自动监测系统建设,提高实时监测能力,提高监测人员专业水平,重视主动监测设备的定期校准。

(4)污水处理系统管理:一是改善车间环境,建立生产车间的整洁制度。二是合理安排上岗的员工到现场进行实地的问题分析,并不断优化污水处理系统的操作方法。

(5)建立技术创新机制:一是建立技术创新信息系统,不断进行创新。二是污水处理制度的更新,主要包括经营制度、管理制度等,有效建立创新机制。三是加大对技术创新方面的投入,以此促进污水处理系统整体技术水平得到提高。

95. 如何做好石材流通产业园区一般固体废弃物管理,确保固体废弃物全部回收并得到综合利用?

一般工业固体废物是指从工业生产、交通运输、邮电通信等行业生产生活中产生的没有危险性的固体废物。入驻企业在生产加工过程中产生的一般工业固体废物主要有石材废料、泥饼、废木材、废包装物等。

按照《中华人民共和国固体废物污染环境防治法》(2020年修订),入驻企业应当建立健全工业固体废物产生、收集、贮存、运输、利用、处置全过程的污染环境防治责任制度,建立工业固体废物管理台账,实现工业固体废物可追溯、可查询,并采取防治工业固体废物污染环境的措施。入驻企业委托他人运输、利用、处置工业固体废物的,应当对受托方主体资格和技术能力进行核实,依法签订书面合同。受托方应当依照法律法规和合同约定履行污染防治要求,并将运输、利用、处置情况告知入驻企业。入驻企业对暂时不利用或者不能利用的工业固体废物安全分类存放于一般工业固体废物堆场,贮存工业固体废物应当采取符合国家环境保护标准的防护措施。园区管理方负责对一般工业固体废物堆场的日常管理工作,委托有处置资质的第三方单位将一般工业固体废物安全分类转运处置,完善一般固体废物管理台账。

96. 石材流通产业园区管理方与入驻企业各自承担的环保责任是什么?

石材流通产业园区管理方主要责任区域是公共区域,包括园区道路、危废暂存间、一般工业固废堆场、石材堆场、生活垃圾投放点和废水处理站等。

园区管理方承担的环保责任主要包括:负责园区内部路面卫生,实施道路清扫和洒水作业;负责危废暂存间日常管理,做好环保巡查工作;负责石材堆场的日常环保管理,确保石材堆场干净、整洁和规范;负责生活垃圾投放点和垃圾中转站的日常环保管理,收集投放点生活垃圾转运到园区垃圾中转站;负责废水处理站环保设施设备的运行和维护,做好园区生产废水处理和清水回用工作。

入驻企业主要责任区域是企业厂区内部,承担的环保责任主要包括:按照环保相关要求，完成企业环评手续办理工作；负责做好企业"门前三包"日常环境管理工作；负责企业内部环境卫生管理工作；负责企业内部环保设施设备的安装、运行、维护和保养工作；负责企业内部危险废物和一般工业固体废物的暂存管理工作；负责企业内部生产废水排水沟的清掏，企业严禁将生产废水排入公共雨、污管网。

97. 政府有关部门对石材企业办理环评手续是如何规定的？

根据《建设项目环境影响评价分类管理目录》（2021版）规定，自2021年1月1日后，石材流通产业园区入驻的石材加工企业应当填报"环境影响登记表"。

当前建设项目环评手续办理流程主要内容包括以下两项。

（1）项目申报阶段，建设单位提交申请办理环评手续的报告和其他相关资料。

（2）填写登记表，登录属地环保部门网站，点击建设项目环境影响登记表备案系统，按照页面提示，进行网上备案。

98. 专业环保机构对提升石材流通产业园区环保管理水平有何重要作用？

专业环保机构即第三方专业环保服务公司，可向园区提供监测、监理、环保设施建设运营、污染治理等一体化环保服务和解决方案。

专业环保机构对提升石材流通产业园区环保管理水平的重要作用包括以下两个方面。

（1）侧重提供管理、咨询服务，主要包括：传统环境咨询服务（环评、环境监理）、第三方环境污染治理（环保设计、施工、设施运营、监测）、环保规划、重点污染源企业调查、污染源排查以及排污许可证申报及日常执行管理。

（2）侧重提供治理服务，环境污染第三方治理简称"第三方治理"，是排污者通过缴纳或按合同约定支付费用，委托环保服务公司进行污染治理的新模式。第三方环保服务单位向园区提供专业化、定制化环保服务，主要包括：入驻企业环保状况调查与整改指导、园区环保基础设施建设运营或咨询、园区环境管理制度建设、园区环境信息平台建设与维护、环保培训宣传、环境危机应对等。

99. 如何借助政府相关部门力量，做好园区环保管理工作？

园区环保监督管理由属地人民政府环境保护主管部门，对本行政区域环境保护工作实施统一监督管理。

借助政府相关部门力量，做好园区环保管理工作应从以下几方面着手。

（1）加强环保宣传和培训教育，提高园区人员环保意识。园区应积极与属地环境保护部门建立沟通机制，按需邀请政府部门人员到园区开展环境保护法律法规宣传以及环保事件教育活动，切实提高园区从业人员环保意识。好的环保意识能让人员在操作时，加强责任心，尽量不发生跑冒滴漏，即使发生也会采取尽量减少污染环境的措施进行处理。

（2）建立健全环保责任制工作。按照政府部门工作指导要求，结合园区生产经营实际，确定环境保护指标目标，并将该环保目标层层分解，逐级签订环境保护责任书，确保环保责任落到实处。

（3）做好环保基础管理工作。建立环保监测制度，要配备必要的设备、人员和技术条件，对污染物内、外部排放点定期监测，及时掌握污染物排放和生产控制情况。管理好污染防治装置和污染治理设施，要跟生产装置一样建立台账、操作规程和运行记录，并由专人负责运行管理。建立排污许可制度，从制度和技术层面进行控制，尽量减少排放、减少环保装置的运行负荷。

（4）建立合法（规）性审查制度，一是配合政府部门对危险废物实现良性管理，二是可以为园区避免损失。

100. 如何做好石材流通产业园区环境保护工作？

（1）推进循环改造，提升环保水平。本着"减量化、再利用、资源化"原则，合理构筑园区循环经济产业链，搭建循环型基础设施和公共服务平台，形成资源和废弃物循环利用，减少污染物排放，增强园区可持续发展能力。

（2）优化设施效能，消除环境隐患。园区污水处理、一般固废、危险废物、在线监控设施应当采取第三方运营方式，确保其正常运行、污染物稳定达标排放，便于监督考核。

（3）严格环境准入，实施总量控制。优化园区总体布局，狠抓源头防控，对新入驻园区企业进行全面分析，排污量大的企业不予引进。对园区污染防治和环境风险防控设施不健全、企业违法排污现象严重的，采取限批措施，多途径、多手段进一步降低园区排污总量。

（4）落实环保责任，提升环保能力。进一步压实环境保护各级主体责任，明确园区管理方主体责任、企业污染防治主体责任，确保恪尽职守，各负其责。

（5）加强信息手段，科学精准管控。在园区生活垃圾投放点、一般固废堆场、危废暂存间、石材堆场、废水处理站等环保工作重点区域安装视频监控系统，监控画面接入手机终端，手机实现 24 小时监控画面实时查看，确保及时发现并消除园区环保隐患。

（6）石材化学等防护用品的使用、储存管理，要设置专门场所进行独立堆放，不同种类、性质的物品要按照要求保持安全距离。

优秀案例篇

优秀 案例 1

成都建工·国际建筑科技产业园

一、园区概况

成都建工·国际建筑科技产业园是由成都建工集团下属成都建工建材有限责任公司投资开发运营的，集新型建筑设计、新型建筑建材研发与生产加工、建筑主材精加工与深加工、现代物流供应链管理、合展营销、电子商务、建筑类企业办公七大功能为一体的西部首个"一站式"新型建筑科技产业园，计划总投资100亿元，占地面积约1000亩，位于中国（四川）自由贸易试验区成都青白江铁路港片区，拥有亚洲最大的铁路集装箱中心站——成都铁路集装箱中心站，也是中欧班列蓉欧快铁的起点站。

成都建工·国际建筑科技产业园发展历程：

- 2010年7月，成都建工·国际建筑科技产业园一期动工。
- 2011年6月，成都建工·国际建筑科技产业园一期交付使用。
- 2011年12月，首届西部石材产业高峰论坛召开。
- 2012年3月，成都建工·国际建筑科技产业园一期投入试运营。
- 2012年10月，国家石材质量监督检验中心四川省工作站落户园区。
- 2013年4月，成都建工·国际建筑科技产业园二期交付使用。
- 2013年11月，第三届全国石材市场及园区建设高峰论坛及第三届西部石材产业论坛召开。
- 2013年12月，"双十二"精品石材应用品鉴会召开。
- 2014年12月，第四届西部石材产业论坛召开；同月，行业标准《石材产业园区建设标准》评审会召开。
- 2015年10月，首届西部家装石材采购节开始。

- 2015年11月，第五届中国西部石材产业论坛召开。
- 2016年5月，"全球精品石材直营平台"暨"北川·中国米黄大理石集散交易中心"开业。
- 2016年6月，成都建工·国际建筑科技产业园众创空间挂牌成立，四川建筑职业技术学院西部石材创意设计中心在园区挂牌成立。
- 2017年3月，成都建工·国际建筑科技产业园石文化创意园开园。
- 2017年4月，成都建工·国际建筑科技产业园划入中国（四川）自由贸易试验区成都青白江铁路港片区。
- 2017年6月，新能源共享配送中心正式运营。
- 2018年1月，成都建工·国际建筑科技产业园精品石材亮相成都国际铁路港"蓉欧驿·商峰荟"展厅。
- 2018年5月，举办首届"成都建工·国际精品石材园 设计师沙龙"活动。
- 2019年4月，成都建工·国际建筑科技产业园智慧园区管理系统正式上线运行。
- 2022年2月，在成建e采商城建立起石材采购销售一体化平台。

二、园区简介

成都建工·国际建筑科技产业园以建材生态圈为平台，融合建材供应链运营管理服务，对旗下项目进行"投、建、运、管"一体化管理，着力打造集产业园投资开发、推广招商、运营管理平台建设和物业服务于一体的产业地产项目（图1-1）。

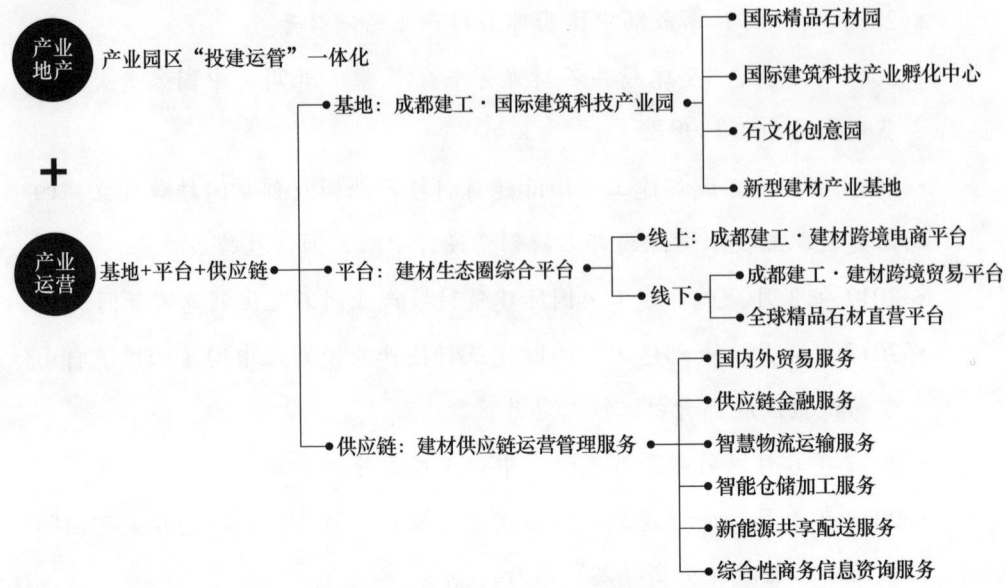

图1-1　成都建工·国际建筑科技产业园架构

三、园区特色

1. 国际精品石材园

国际精品石材园集高端石材设计、精加工、体验展示、会展营销、检验检测等功能于一体。目前园区已入驻来自福建、广东、山东、广西、四川等地的大中型精品石材企业近200家，年产值近30亿元，成立了国家石材质量监督检验中心四川省工作站，并连续6年成功举办西部石材产业高峰论坛，获得了行业认可，被评为"全国石材行业标杆园区""创建石材生态示范园区试点单位"等，并起草了中国石材协会标准《石材产业园区建设标准》，公司致力于将园区打造成国家级生态工业示范园区（图1-2、图1-3）。

图1-2　国际精品石材园

图1-3　石材头等仓

2. 国际建筑科技产业孵化中心

国际建筑科技产业孵化中心（图1-4）是成都建工与高校、政府、科研院所联合创办的创新创业孵化园，重点鼓励以建筑节能、建筑智能化、建材工业化和产业化、工程经济、建筑与景观设计、新型建筑材料研发与应用、交通运输、岩土新技术开发与应用、物流及配套产业环境保护、电子商务、软件开发与服务外包、物联网技术与应用高端装备制造与自动化等相关产业科技成果转化与孵化为主的中小型科技企业入驻。

图1-4　国际建筑科技产业孵化中心

国际建筑科技产业孵化中心现已成立四川建筑职业技术学院创业孵化中心、建筑产业园众创空间、西南科技大学及四川建筑职业技术学院实培基地等。

3. 石文化创意园

石文化创意园（图1-5）占地面积约400亩，建筑面积约10万平方米。

图1-5　石文化创意园

石工艺源远流长，随着岁月沉淀，更显光华，加之融入"文化""科技""创意"等元素，石材附加值进一步提升，艺术价值不断攀升（图1-6）。石文化创意园重点扶持一批工业设计、建筑与规划设计、文化创意等小微企业；支持发展一批营销产品、配套服务的中小企业，引进若干实力雄厚、工艺精湛、开拓能力强的大企业，逐步形成研发设计、人才培养、工艺创作、市场交易、产品营销等功能环环相扣、层层对接的产业园区。

雄狮

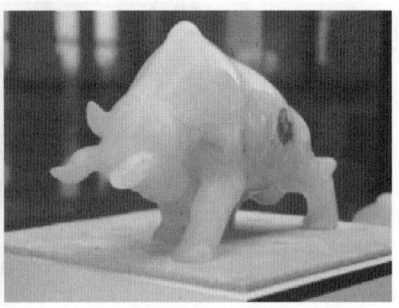
玉石摆件（斗牛）

图1-6　精品石刻

四、园区运维

建材生态圈综合平台通过线上建材跨境电商平台和线下全球精品石材直营平台、建材跨境贸易平台，依托互联网技术打通线上线下渠道，为供应链上下游提供建材贸易、平台集采、供应链金融等综合服务，消除建材行业流通过程中的信息不对称，加快商品流通，实现采购扁平化，保证流通精细化，解决物流成本高、效率低的问题。

1. 建材跨境电商平台

通过构建集团建材集采电商平台，打造建材物资供应基地、物资集采交易中心、供应商资质认证中心、物资质量监管中心和物资交易信息管理中心，高效整合建材产业链上下游资源，为集团内外部客户提供集采购、运输、仓储、加工、销售、结算、信息和金融于一体的供应链运营管理服务。

2. 全球精品石材直营平台

全球精品石材直营平台（图1-7）是成都建工倾力打造的大型矿山直营一站式石材销售中心，通过与伊朗、土耳其矿山企业合作，直接进口多款国际精品石材，同时引进四川、贵州、湖北、河南、山东等10余家国内矿山企业，打通了石材产业链上下游交易环节。目前平台的常用产品及矿山特色产品已超过200个品种。平台还与四川省绵阳市北川政府签定战略合作协议，设立了"北川·中国米黄大理石集散交易中心"。

图1-7　全球精品石材直营平台

3. 建材跨境贸易平台

建材跨境贸易平台供国内外客户之间进行线下的实体交易,实现一体化建材供应链运营管理服务。

4. 国内外贸易服务

园区实施"引进来、走出去"贸易战略:一是以成都建工·全球精品石材直营平台为支撑,高效整合矿山资源、石材商户资源和终端项目资源,开展集石材源头采购、渠道批发、终端销售于一体的国内外贸易业务;二是以成都建工·建材跨境贸易平台为支撑,高效整合建材物资供应链客商资源,开展国内外贸易业务。

5. 供应链金融服务

以成都建工·国际建筑科技产业园为基础,整合建材物资供应链上下游客商资源,有效掌握物流、商流、资金流和信息流,搭建银行等金融机构和供应链上下游客商之间的合作桥梁,以真实贸易背景为前提,运用自借性贸易方式,开展基于预付账款、存货托盘、应收账款以及金融仓储、融资租赁、票据融资等供应链金融业。

6. 智能仓储加工服务

园区重点打造西部领先、全国一流的大型物流企业,为客户提供一站式物流集成服务,承接公路运输、铁水联运、国际货物运输、仓储管理等业务(图1-8)。

通过对集团和相关资源的整合,组建专业运输管理团队,引入物联网技术,提升物流服务水平,实现货物信息数据化、标准化、电子化、智能化,提高整个产业供应链的运作效率,提供物料在交易、运输、仓储、加工等环节中的增值服务,为集团内外部客户提供省钱、省时、省心的优质服务。

图1-8 智能仓储加工服务

7. 新能源绿色共享配送服务

新能源共享配送中心（图1-9）主打"新能源＋共享＋互联网思维"理念，开展"新能源共享货车"，并运用"云TMS系统"，以供客户通过微信和APP两个端口对货品运输情况进行实时查询。配送中心将以成都建工·国际建筑科技产业园为起点，逐步扩散到周边各个建材市场，以保障生产生活、提高装载率、促进节能减排、降低物流成本、缓解交通压力和集约利用资源为目标。

图1-9 物流配送基地

优秀案例 2

石材让建筑更美好——东华环球石文化产业园

一、园区概况

园区名称：东华环球石文化产业园

建设地点：上海市嘉定区曹安公路 4058 号

建造规模：占地面积 350 亩，总规划面积 40 万平方米

运营时间：2004 年

二、园区简介

东华环球石文化产业园，成立于 2004 年，历经多年的发展，由原来综合型建材市场逐步发展成为以"产业＋艺术＋设计＋互联网科技"为品牌 IP 的产业园，形成坐拥上海、辐射长三角，在曹安公路沿线南北两侧打造占地 350 亩，规划面积 40 万平方米的"八馆一社区"的建筑形态（图 2-1）。

图 2-1　东华环球鸟瞰图

三、园区设计

1. 石博汇

东华环球·石博汇以文创产业的思路进行项目定位,围绕展览、旅游、商业、学术四个板块,重新解读和构建了石文化全新的商业生态,从形态、神态、生态三个维度诠释了"以石文化为 IP 的商业综合体",致力于打造世界首座以围绕中外石文化题材为脉搏的,为受众带来"展游商学"全方位石文化体验之旅的产业园区。

突出石文化产业园的功能化与产业化,传递高端石材卖场的新模式、新标准和新趋势,着力把东华环球构建成为全球知名石材企业的交易平台、全球石材矿品的展销平台、开发商立体图库的图书馆、石文化创意交流的博物馆,同时,也有助于打造成集规模、展示、体验、时尚文化元素为一体的国际性石材中心。

- 高端石材与艺术生活的连接纽带
- 中国一线城市石材网红打卡圣地
- 全球品牌石材企业最佳展示窗口
- 长三角区域设计师石材选材基地
- 上海及长三角高品质人群聚集地

2. 石文化研究院

东华环球在商业上取得成功的同时,更着力于推动中国石文化的传播与发展,与中国石材协会联手打造了国内首个石文化研究院(图 2-2、图 2-3)。2015 年 8 月"中国石材协会·上海石文化研究院"正式挂牌成立,由中国石材协会陈国庆会长担任首任院长,旨在推动中国石材产业的创新驱动和转型发展,为中国石材产业的发展变革和新商业模式的创新发展探索可行的方向。

(1)学术研究

定期邀请国内外石材专家探讨最新的石材行业发展动态、预测石材行业

图2-2　东华环球石文化产业园区(一)

图2-3　东华环球石文化产业园区(二)

发展方向；邀请国际知名设计师与中国知名设计师进行对话，共同探讨和研究石材的设计与应用，提升国内设计师对石材设计的应用能力；联合交大海外学院，作为交通大学房地产总裁研修班（EMBA）的校外授课点；邀请建筑设计界的泰斗定期对青年设计师授课，推动国内青年设计师的成长；联合行业协会举办优秀石材设计的评选，为优秀的石材设计案例和优秀设计师提供分享和展示的平台。

（2）研发基地

联合同济大学和复旦大学，组建石材设计与应用的校外研发实践基地，研发与石材有关的专利，打造中国石材专利库。

（3）服务业界

高标准的场地条件、齐备的设施配置、一流的环境格调为石材企业的高端会议、客商聚会、产品发布提供了最佳的场所。

（4）社会责任

联合沪上大型设计院和装饰装修公司与高校对接，打造建筑设计专业毕业生的就业平台。

3. 华泰顶层艺术社区

华泰美术中心将艺术产业与企业优势相结合，针对艺术经济、艺术收藏、艺术展览、艺术家推介等方向，以最新锐的视角引领当代艺术发展。华泰美术馆致力于当代艺术的客观呈现，多样性地展示当代艺术创作内容，本着"学术立馆、产业立园、文创立社区"的宗旨，在保证学术纯粹性的同时，大力发展文化产业。最终，把美术馆建成国内乃至世界一流的公共的、社区性的综合艺术平台。

- 打造成为长三角新型艺术产业新地标
- 家居文化新生态
- 艺术家孵化平台
- 致力于为艺术家们
- 提供一个可以全身心投入创作的艺术社区
- 配备具有卓越市场拓展力的艺术经纪人与艺术管家

四、园区特色

目前，建成的园区占地面积近 300 亩，商业面积近 20 万平方米，主要由石材和艺术两个运营板块组成。

1. 石材板块

东华环球的发展始于石材产业，园区内汇聚全球近 1000 个石材品种和近 500 家石材企业，各场馆都由知名设计师亲自操刀设计，玻璃幕墙与大理石的完美结合，蓬皮杜艺术风格与大理石的完美结合，艺术体验与大理石的完美结合为产业园区带来非凡的体验。经过逾 20 年的发展运营，目前已成为国内一线城市最高端的石材产业园区之一（图 2-4~ 图 2-10）。

图2-4　东华环球A馆

图2-5　东华环球B馆

图2-6　东华环球C馆

图2-7　东华环球D馆

图2-8　东华环球E馆

图2-9　东华环球F馆

图2-10　东华环球G馆

2. 艺术板块

"石材是主业，艺术是引领"，2018年在国家"双创"战略之一的"文创"大背景下，东华环球正式入局艺术产业，成立"华泰艺术"板块，将艺术与产业、文创与商业相融合，构建新时代下"产业＋艺术"的新商业模式，华泰艺术也是东华环球在石材产业之后重点打造的全新名片（图2-11、图2-12）。

图2-11　华泰顶层艺术社区（一）

图2-12　华泰顶层艺术社区（二）

"华泰艺术"板块通过四年多的发展，现由泰艺术中心、华泰顶层艺术社区、泰·瑞德自然艺术馆、国际石雕艺术中心、"一起拍"影视拍摄基地组成，艺术园区总规划面积约4万平方米，已报上海市有关部门申请华泰顶层艺术社区版权运营中心示范基地。"华泰艺术"用最新锐的视角引领当代艺术发展，致力成为长三角新型艺术产业地标（图2-13~图2-16）。

图2-13　泰艺术中心艺术展厅

图2-14　泰·瑞德自然艺术馆

图2-15　国际石雕艺术中心

图2-16　华泰顶层艺术社区艺术家工作室

2021年华泰艺术重点引进了"一起拍"TC实景片场（图2-17），其为国内第一家精选实景拍摄租赁平台，主要为影视剧组、品牌广告、视屏直播和网络节目提供所需的拍摄场景，在园区内实景搭建影棚面积4000平方米，拥有十余个不同风格的场地，同时充分利用了园区内极具设计元素的建筑群、艺术展厅、艺术家工作室和众多石材商家唯美的实景展厅，形成整个园区既是商业经营场所也是拍摄实景片场，深受国内各大剧组和大量影视明星的青睐。

图2-17　华泰顶层艺术社区（"一起拍"实景片场）

东华环球围绕"石材和艺术"构建完善的新商业生态，促进生态中各产业的高效协作。未来，根据《虹桥国际开放枢纽建设总体方案》，东华环球也将发挥自身优势，以国家战略发展为核心，以石材产业为基础，打造长三角石材品牌基地；以华泰艺术为引领，赋能产业，打造长三角艺术新地标；以设计为桥梁，嫁接产业和艺术，打造长三角设计一体化；以互联网科技为翅膀，推动产业、艺术、设计的快速融合与发展，最终实现以"产业＋艺术＋设计＋互联网科技"为特色的"生活美学产业基地"，成为"312国道文创金腰带"上闪亮的明珠。

五、园区运维

1. 专业的管理团队

在繁华中静看繁华，在成长中感知成长，在服务中感受服务。东华环球"以市场化的定位，商场化的运营"理念在业内创造了众多的第一和唯一。伴随东华环球成长至今的运营团队为产业园区商家保驾护航，强力营销企划团队为运营锦上添花，稳定的财务、商管团队为整个产业园区商家做好金融、服务保障，东华环球专业的运营团队让企业得到了快速稳定的发展。

2. 设计艺术双驱动，带动产业发展

除了石材产业，文创也是东华环球的重要发展方向。现今，东华环球汇聚了国内外众多的知名设计师和艺术家，为发展文创产业奠定了坚实的基础。按照最初规划，东华环球力图将产业园区的发展与城市化进程相适应，合理规划向文化创意园区进行连接、过渡。比如，东华环球特意打造的"华泰美术馆"，就是将艺术产业与企业优势结合，导入艺术经济、艺术收藏、艺术展览等新业态。另外，东华环球也在将文创与产业、文化与商业有机结合构建一种新的生态模式，打造"华泰顶层艺术社区"，致力于为艺术家提供一个长期稳定的集创作、生活、展览、交流等多元化艺术基地，成为长三角新型艺术产业、艺术享受、人文情怀的文化地标。

3. 互联网科技，激发主体活力

东华环球已经打造了"东华环球智慧商城"，首次引入"移动互联技术＋智能物业"系统，这是全国石材行业首家运用互联网技术的石材商场。

"欧麦红材料图书馆"（图 2-18）也在东华环球落地，东华环球与"欧麦红材料图书馆"将设计师等小 B 群体（主播、达人等为代表的新兴买家群体）转变为主要流量入口，双方达成了战略合作协议，引入创新卖场新模式，打造新流量。

图2-18 欧麦红材料图书馆

优秀 案例 3

江苏省华东石材城园区

一、园区概况

园区名称：江苏省华东石材城

建设地点：宜兴市万石镇

建造规模：400公顷

运营时间：1991年

二、园区简介

江苏省华东石材城坐落在"石海明珠"——宜兴市万石镇，创建于20世纪90年代初，通过30多年的发展，现占地已超过400公顷。华东石材城具有得天独厚的区位优势，不仅配套设施齐全，而且管理规范、服务一流，目前已吸引了全国20多个省、市地区的1400多家石材经销商常年在石材城经营，从业人员达10000余人，年营销额超35亿元，成为国内最大的石材集散批发中心，蜚声海内外（图3-1）。

图3-1 江苏省华东石材城园区

近年来，江苏省华东石材城园区以打造"中国石材全产业链服务商""国际石材交易中心"为目标，充分利用5G技术和现代化手段，探索"线上+线下"交互融合管理模式,构建"一中心三平台"的市场管理体系(图3-2),并开发行业网上集采平台,覆盖线上营销网络,展现华东石材城的美好形态、多元业态和高端质态,进而引领中国石材向数字化、国际化升级,构建全球石材产业发展新高地。

图3-2　总控中心

三、园区设计

1979改革初兴,万石大队党支部通过市场调研,开始筹建万石地区第一个队办石材加工企业——万石大理石加工厂,1983年扩建为"万石大理石厂",1992年采取"筑巢引凤"方式扩建规模,在经营上主动招商引资、注重广告宣传,部分客商开始租赁路边饭店门前场地和民居周边场地堆放石材,由此产生了"马路市场"。由于马路市场存在环境脏乱差、扰民、制约市场发展等诸多问题,2003年7月,万石镇投资3亿多元,重新规划建设新华东石材市场,新华东石材市场占地2平方千米,设置五大区域:进口石材区、国产石材区、太湖石石雕区、生产加工区、生活配套服务区,以其规划科学、布局合理、硬件水平达到全国同类市场一流水平、完成了七横七纵的道路和水、电、通信等配套设施建设,先后引进成益石业、升平石业、飞升石业等10多家大型加工企业;五龙石业、如意石业投资了国内先进的人造石生产设备。这些企业的加盟实现了市场形态、市场品位、市场功能和市场规模的同步提升。同时，为了进一步拓展发展空间，真正成为值得客户信赖的市场，万石镇党委对外招商引资，引进国际石材"航母"——中首集团，该企业投资5亿美元建设了集石材会展、生活体验、商务会谈、产品展示、餐饮娱乐于一体的国际石材交易中心（图3-3）。

图3-3　江苏省华东石材城园区航拍图

如今，石材城创新经营管理模式，运用"互联网+"思维，加快推动石材产业转型升级，规模位列全国前三。

四、园区运维

2020年9月，石材城公司投资800万元，建成了5G智慧大数据平台，采用"线上+线下"的交互融合管理模式，构建了"一中心三平台"的市场管理体系，分别是党群综合服务中心、AI综合指挥调度平台、人车智慧综合管控平台和网格化综合管理平台。

1. AI综合指挥调度平台

该平台提高了市场管理效率，让调度管理数字化、高效化、便捷化。该平台能够实时反映市场管理近30天之内违章情况占比，以及"门前脏乱""占道经营"等违章报警信息。一旦路边板材、广告牌胡乱堆放超出设定区域时，系统便会自动报警上传到该应用平台，相关工作人员会立即进行研判，核实信息后下发给对应网格进行实地处理。石材城还相应地开发了智慧市场管理手机端APP，管理人员需签收后快速处置，并提交整改后的照片，形成工作闭环。目前石材城公司已经完成了党员红网格与综治网格、警格、税格的多网合一工作，在每个网格内配备了1~2名党员网格员。聚焦政法工作主业、聚力平安建设主责，扎实开展"平安网格""服务网格""智慧网格"建设。在治安管理方面，电子屏上能够直观展示报警数和处理数，一旦有警情，将启动三警联合处置。

2. 人车智慧综合管控平台

平台分为三个模块，分别是高频分析模块、人车分析模块和档案中心模块。高频分析模块主要是对经常出现在石材城的人车进行分析汇总，如人员出现的频次和地点、市场出入口车辆的抓拍和频次统计等。人车分析模块主要展示的是辖区概况，包括整个辖区的实有企业与人员以及前端感知设备数量。当布控的重点人员出现在石材城区域，预警界面会弹出相应的预警信息。同时，通过前端感知设备，进行人员与车辆的自动识别，从而能清晰看到监控探头抓取的部分人脸图片信息。档案中心模块主要针对石材城的商户、人员、车辆进行建档登记，方便及时查询。通过上述技术手段，对整个石材城进行智能化围合，便于更高效率地服务民生、打击犯罪。

3. 网格化综合管理平台

该平台能实现智能化、高效化管控，主要包含市场管理基本情况和建设投入情况。目前，市场共划分8个网格，拥有网格员28名，负责各自网格内的基础信息采集、安全、环保等巡查监管工作。另外还在每个网格都安装了粉尘、噪声、空气等监测系统，能够实时统计粉尘、噪声的月度数据。同时还利用5G智慧平台的粉尘监测仪对加工企业产生的粉尘进行全方位的网格化监管，一旦粉尘超标，网格员便会在第一时间前往现场处理（图3-4）。

图3-4 报警信息及处理信息

5G智慧大数据平台的建立,实现了市场服务与管理向规范化、品牌化、智能化跃升,全面打造了"全区域、全覆盖"的"点、线、面"立体巡防服务体系。以融管理于服务之中的新模式,提升了市场品牌的成色,为市场高质量发展注入了新的活力。

五、园区特色

1. 网格化管理方面

目前,石材城共划分8个网格,拥有网格员28名,负责各自区域内企业信息的收集及环保、安全等巡查监管工作(图3-5)。2020年9月,江苏省华东石材城建成了5G智慧管理系统平台,充分利用新技术和现代化手段,结合"线上+线下"交互融合管理模式,构建"一中心三平台"市场管理体系,构建对市场交易、车辆、设备、环境、安全等方面进行全方位网格监控,通过智能设备实景、实时报警提醒,网格员迅速实地处置,实现市场管理智能化跃升。并充分发挥好"一中心三平台"市场管理体系优势,织密"线上+线下"全天候全方位安全监管网络,加强对叉车、行车、高空坠落、三合一场所、煤气罐、运输车辆、加油车等环节的常态化监管,消除特种设备管理中存在的隐患,使安全管理到边到位,落细落实。

图3-5 网格员巡查监管

"红色网格"赋能强,在市场内部建立健全了"市场党支部—网格党小组—党员示范户"三级组织体系,组建了铁脚板"红网格"队伍,持续加强党建引领网格治理,让红网格成为服务商户、群众的最前沿。目前,市场已经完成了党员红网格与综治网格、警格、税格的多网合一工作。同时,市场创新了"1+X+N"组织架构,即让1名党员网格员定点联系X名重点商户,再以覆盖N家经营户的模式,对市场的车辆、环保、安全实施全方位的网格化监管,为石材龙头企业提供管理高效、环保示范的精加工配套区,带动企业提升能级、壮大实力,从而最大限度延伸网格触角,服务好市场商户,形成"强堡垒、精产业、活经济、富百姓"的良好局面。

近年来,由党员网格员引领,在疫情防控、安全生产、平安创建上发挥"铁脚板"作用,确保"小事不出网格、大事不出市场",充分发挥红网格保障效能。

2. 石材城效益方面

石材城市场实施"3+三优"行动(即"清洁+打造优美环境""安全+打造优良秩序""效能+打造优质商圈"),在全石材城形成重视生态文明建设的浓郁氛围,推动石材城健康可持续发展。为此,江苏省华东石材城园区做了以下举措。

第一,在环境上,石材城积极践行新发展理念。以党员经营户示范带动

广大石材城主体践行绿色发展理念,一方面,利用5G智慧大数据平台,加强了对生产加工企业粉尘的监管力度,提高了石材城环境质量;另一方面,在石材城1号路的固废中心,通过启动"绿岛"计划,将石材城产生的废料、污泥、污水进行闭环处置,实现清洁化生产,为打造优美环境夯实根基,从而营造出浓厚的环境效益氛围。

第二,在安全上,石材城以安全生产为前提。在支委班子成员的带领下,深入落实了安全生产主题活动,分批组织500余名经营户进行安全培训,全部通过了市级考试;同时加强了网格员对各类危险源的常态化监管,消除了特种设备管理中存在的隐患,利用5G智慧平台的粉尘监测仪对加工企业产生的粉尘加以监管,发现一起处罚一起,使市场管理高效化、便捷化。另外,石材城还每年定期进行叉车整治行动,截至目前,市场的叉车上牌率超过95%,安全监督管理到边到位。

3.成功经验方面

面向未来,石材城以商品优化升级专项行动为契机,吸引一批技术含量高、抗风险能力强、资源依赖程度低、能够带动石材产业向产业链高端攀升的石材加工企业入驻,全面升级经营模式、产品创新、服务方式、业务结构、推广渠道等,倒逼部分经营户提档升级,全面带动传统石材行业的结构调整和转型升级。为此,石材城与厦门链石科技、中首石材深度合作,打造"长三角石材云仓",开发了行业网上集采平台,吸引了100多家商户上线运营,覆盖线上营销网络,迈出"石材+互联网"发展的重要跨越。

通过推广应用该平台,秉承规模化、集约化、品牌化的运营理念,以产业的聚集、完善的配套,致力于为全球石材用户提供"产品采购+综合服务"的一站式解决方案,从而把华东石材城建设成世界一流的交易市场、国际石材全产业链服务商。

优秀案例 4

杭州钱塘江石材建材交易中心

一、园区概况

园区名称：杭州钱塘江石材建材交易中心
建设地点：杭州市钱塘区
建造规模：规划建设用地 1101 亩
运营时间：2010 年

二、园区简介

杭州钱塘江石材建材交易中心（图 4-1）位于杭州市重要枢纽——钱塘区梅林湾农副业基地，规划建设用地 1101 亩，采用标准的设计建设和经营管理服务，按照大创新、大规模、大空间、大景点建设一个集国内外采购、批发、加工、仓储、物流、信息、商务、服务于一体的杭州第一、世界一流的规模化、标准化、智能化的大型现代建材交易基地，推动和促进杭州及国内外产品进入杭州市场，加速钱塘区经济发展和繁荣杭州市场。区域定位和目标是打造环杭州湾先进石材加工生产基地，集商贸、物流、信息等功能于一体的现代化、都市型、生态型的石材市场。

图4-1 杭州钱塘江石材建材交易中心

三、园区设计

园区规划各功能区划分明显。市场A、C、F、H区为加工区，涵盖石材加工、储存、包装及办公区域。B区为堆场，主要为大理石、奢石、岩板及人造石的展示批发区域。D、E等区为沿街商铺，涵盖石材辅料、办公及展示厅、餐饮、商超及公寓，为区域内人员提供便利（图4-2）。

图4-2　园区规划各功能区划分

四、园区运维

市场一期于2010年建成，占地面积更大的二期于2012年完成基建并投入招商运营。园区主要分为两大区域，即建材石材区和仓储物流区，以及区域服务的辅助配套。建设期间，环境改造及截污纳管管网建设等项目投资4000余万元，合计投入8.5亿元，提供就业15000人次。建材交易中心现有入驻商家328家，二级商户固定资产投入约3亿元（含办公楼、展示厅、机器设备、配套设施等）。

园区在发展期间受到了钱塘区政府的高度关注，区域内已入驻了大江东军园共建服务中心、环境整治办公室、城建执法中队、大江东警务室、街道管委会、金利浦应急救援队（图4-3）、市场卫生服务中心等职能部门与机构。同时，市场依托珞石物业及各职能部门的专业服务，对园区内电力、基建、环境卫生整治、消防及生产安全等方面做了全面提升，受到了各方肯定。

图4-3 新湾街道部队区域管委会金利浦应急救援队

新湾街道部队区域管委会金利浦应急救援队位于市场大门西南角,省级应急救援中心,距离公司100米,约2分钟车程。

梅林湾警务室(图4-4)位于市场大门口南侧,为辖区内居民提供暂住证办理、防诈骗宣传等各种便民服务,专注于辖区内生产及消防安全、防诈骗宣传、处理各种纠纷及案件。

图4-4 梅林湾警务室

新湾街道钱塘江石材市场卫生服务站(图4-5)由新湾街道卫生院派遣专业医生提供义诊,开展血压测量、调查问卷等活动,新型冠状病毒肺炎疫情期间，每天下午作为定点的核酸采集点，为周边群众提供服务。

图4-5 新湾街道钱塘江石材市场卫生服务站

杭州钱塘新区石材业商会（图4-6）前身为杭州经济技术开发区石材业商会，成立于2009年7月，是由杭州市从事石材相关产业的企业和个体工商户自愿结成的非营利性社会组织，现有会员单位200余家。

图4-6 杭州钱塘新区石材业商会

另外，设有钱塘江石材调解室（新湾派出所"市场老娘舅"），旨在为市场内客商之间、用工单位和员工之间的劳务纠纷等各种问题提供调解服务。

【企业简介】
COMPANY PROFILE

　　成都建工商业运营管理有限公司(以下简称"公司")原名为成都建工集团物流有限公司,成立于2012年。公司以"创造幸福生活方式,开启城市美好未来"为企业使命,由建筑物资贸易业务为主逐步转型升级,成为专注于资产管理及产业链运营的专业化商业运营管理公司。

　　公司管理服务资产业态涵盖产业园区、商业综合体、写字楼公寓、保障性租赁住房等,面积超110万平方米,并呈现不断增长的趋势。公司积极探索资产管理衍生经营业务,以"乐匠"系列品牌为载体,打造集餐饮、物业、书屋、电商平台等为一体,线上线下融合发展的商业运营体系。其中,天府四街员工食堂被列为"四川好食堂";乐匠书屋作为兴城集团"同心书屋"统战工作阵地,入选成都市首批"蓉城智荟"党外知识分子引领平台。

　　公司大力拓展国产化办公设备业务,与华为、同方、麒麟等国产头部设备厂商、软件服务商达成业务合作,逐渐实现国有资产运营价值的创新与突破。

成都建工商业运营管理有限公司
地址:四川省成都市青白江区金芙蓉大道三段888号
电话:028-86023215

Market 市场简介
Introduction

  钱塘江石材市场位于杭州市钱塘新区核心区块，与杭州主城、下沙高新技术开发区隔江相望，水陆空交通运输便利，地理位置优越。

  市场现有合计开发面积约1300余亩，石材仓储中心(一期)开发占地面积232亩，建有石材仓储营业用房11万平方米，三层市场商铺样品用房2.1万平方米，年销售产值约6亿元，年创税金1800万元；石材市场(二期)总投资7.8亿元，主要分为两大区域：建材石材区、仓储物流区，以及区域服务的辅助配套。其中石材市场占地面积约750亩，营业钢房36万平方米，逾120家成熟商户入驻，项目投资6.2亿元；仓储物流区用地320亩，其中物流用地100亩，仓储区220亩。

  市场已被纳入钱塘新区"十三五"规划重点项目"两城一园"，即以钱塘江石材市场为中心的绿色建材城、以京东为中心的现代物流电子商务城、以苗木城为中心的现代农业园。依托钱塘新区地理位置优势及资源优势，实现在长三角地区建立大型石材商务物流市场平台与城市经济产业互动，推动和促进杭州钱塘新区及国内外石材产品进入杭州市场，为加速钱塘新区的经济发展及繁荣杭州市场作贡献。

微信公众号

地址二维码

📍 浙江省杭州市钱塘区新湾街道梅林湾基地
☎ 0571-82905885

EAST CHINA STONE MATERIAL CITY
华东石材城
国际石材全产业链服务商

江苏省华东石材市场
JIANGSU EAST CHINA STONE MATERIAL MARKET

国企实力 流程更规范、产品更优质、大宗采购更放心
全球比价 40年专注石材、1400+供应商聚集、覆盖石材全品类
诚信管理 供应商信用动态管理体系，优胜劣汰，商家信誉更有保障
安全可靠 新科技铸就多重安全屏障，保护商家安全
科技创新 线上样采集平台沉浸式体验，石材展示更直观

企业简介
COMPANY PROFILE

　　江苏省华东石材市场创建于20世纪90年代初，占地400多公顷，来自全国20多个省市的1400多家石材经销商驻场经营，从业人员超过10000人，年营销额超百亿元，是一个以石材批发、零售为主的专业市场，先后获评"中国石材行业最具影响力交易市场""全国文明诚信经营示范市场""中国（长三角）石材装饰装潢基地""江苏省高质量发展示范市场"等荣誉。

地址：宜兴市万石镇华东石材市场3号路
电话：0510-87844024